집착

강문호 지음

쿰란출판사

머리말

지나 놓고 보니 모든 것이 하나님의 은혜였습니다.
돌이켜 보니 모든 것이 하나님의 인도하심이었습니다.
생각하면 할수록 하나님의 섭리였습니다.
모든 것은 그분이 하신 것이었습니다.
성막을 만나게 하신 이도 하나님.
성막을 공부하게 하신 이도 하나님.
성막을 강의하게 하신 이도 하나님.
모든 것이 하나님의 사랑이었습니다.

27세에 첫 번 책을 쓰게 하셨습니다.
그후 90여 권을 출판하였습니다.
30대에 성막 공부를 완성하고 성막 세미나를 준비하였습니다. 그리고 전국으로 성막 세미나를 열려는 계획을 가졌습니다. 선배 목사님이 진심으로 충고하여 주셨습니다.
"강 목사! 30대에 세미나를 열면 사람들이 건방지다고 그래. 40이 되기를 기다려."
나는 30대에 준비를 마치고 40이 되기를 애타게 기다렸습니다.
40이 되자마자 성막 세미나를 열었습니다.

지금까지 241기 35,501명 목사님들이 오셔서 공부하였습니다.

집착!
오직 하나에 집착!
성막에 집착!

그러고 나니 무엇인가 보이는 것 같았습니다. 그래서 그 동안 성막에 집착한 후로 생긴 이야기들을 모아 보았습니다.
나 혼자 품고 있기에 아까운 것 같아 나누고 싶었습니다.
남다른 체험이기에, 나만의 고민이었고 나만의 즐거움이었기에 품고 있던 것을 나누고 싶었습니다.

막상 나누려고 하니 고마운 분들이 너무나 많습니다.
빨리 가려면 혼자 가고 멀리 가려면 같이 가야 하는데 같이 가고 있는 분들이 너무나 많아 행복을 느낍니다. 목회도 즐겁고, 대학 강의도 신나고, 부흥회도 잘 풀리고, 세미나도 잘 진행되어 가고, 책도 많이 읽혀지고 있습니다. 하는 일마다 하나님의 은총을 받고 있습니다. 그래서 어느 때는 이런 기도가 나올 뻔도 하였습니다.

머 리 말

"예수님! 너무 즐거워요. 재림하지 말아 주세요."

물론 이렇게 기도한 적은 없습니다.

같이 가고 있는 주변에 있는 모든 분들을 일일이 나열하고 싶지는 않습니다. 모두에게 감사드립니다. 특별히 이 책을 정성스럽게 출판하여 주시는 쿰란출판사 이형규 장로님에게 감사드립니다.

모든 영광을 하나님께 돌립니다.

샬롬!

2011년 3월 10일
갈보리 교회 담임목사
강문호

:contents

머리말 _ 02

서론 _ 08
    1. 집착하면 몰두하게 됩니다 _ 10
    2. 집착하면 아이디어가 생깁니다 _ 13
    3. 집착하면 힘이 생깁니다 _ 15
    4. 집착하면 성취하게 됩니다 _ 22

1 성막 발견 _ 27

지어 놓은 첫 성막 발견 l 첫 성막 공부 l 성막 제작 l 법궤 봉헌 예배 비난 l 성막 세미나를 시작한 동기 l

2 해외 성막 이야기 _ 47

네덜란드 성막 l 인도네시아 성막 세미나 l 미국 성막 세미나 l 뉴욕 성막 세미나 l 하와이 성막 세미나 l 러시아 성막 세미나 l 필리핀 감리교 선교사 세미나 l 일본, 한국 선교사 성막 세미나 l 싱가포르 성막 세미나 l 토론토 성막 세미나 l 대만 성막 세미나 l

③ 특별한 성막 세미나 _91
군목 성막 세미나 | 사모 성막 세미나 | 기도원 원장 성막 세미나 |
여자 장로 성막 세미나 | 남자 장로 성막 세미나 |
시각 장애인 목사 성막 세미나 | 육군사관학교 성막 세미나 |
한 명 성막 세미나 | 제주도 성막 세미나 |
만나교회 성막 세미나 | 신학생 성막 세미나 |

④ 최초의 번제 재현 _116

⑤ 무료 세미나를 열게 된 동기 _123
돈 미카 랍비 초청

⑥ 별다른 사람 이야기 _128
남희우 목사 | 우한나 목사 | 김갑용 목사 | 김우영 목사 | 김상수 목사
단영자 목사 | 임봉대 목사 | 정찬희 장로 |

⑦ 성막 연구 팀이 성지로 _142
시내 산 어김 | 솔로몬 필라 성막 | 가족적인 분위기 | 버가모 교회 개척

8 성막과 선교 _146

김정렬 장로 이야기 | 이후규 집사 이야기
김수연 집사 이야기 | 부도교회 이야기

9 성막이 사업으로 _158

서울랜드 성막 | 바이블 엑스포 2010 성막

10 성막이 선교로 _164

237교회를 세운 보상 | 성막 세미나 암흑기 1년 – 감독회장 출마

11 성막과 기독교 대상 _190

2010년 11월 15일 대상 수여식

12 성막 교훈을 목회 철학으로 _193

6평짜리 하나님의 방 | 앞으로의 계획

인생은 키워드(keyword)입니다.

김연아의 키워드는 스케이팅입니다. 박세리의 키워드는 골프입니다. 박찬호의 키워드는 야구입니다. 베토벤의 키워드는 음악입니다. 그런데 한국에서 강문호의 키워드는 '성막' 입니다.

저는 성막과 함께 20년을 살았습니다.

"1만 시간의 법칙"

그 사람에게 키워드가 붙으려면 1만 시간을 투자해야 한다는 법칙입니다. 2009년 1월 16일 허드슨 비행장에서 비행기가 이륙하다가 4분에 계기 고장으로 추락하고 있었습니다.

조종사는 침착함을 잃지 않았습니다. 땅 위에 추락하면 비행기는 박살나고 155명의 승객은 모두 즉사하게 되는 위기입니다.

그는 비행기를 천천히 허드슨 강 위로 몰았습니다. 물 위에 떨어져 떠 있게 하였습니다. 그리고 승객들을 모두 살렸습니다.

그는 슬레진저 기장입니다.

그의 비행 시간은 1만 9천 시간이었습니다. 그후 1만 시간 법칙은 더욱 증명을 받게 되었습니다.

신기한 일입니다.

저는 2010년까지 21년 동안 240기 성막 세미나를 인도하면서 36,000명을 수료시켰습니다. 언제나 월요일 오후 3시에 시작해서 수요일 1시에 끝납니다. 모두 46시간입니다. 240기이니까 11,040시간입니다.

저도 어느덧 전문가 반열에 들게 되었습니다. "1만 시간의 법칙"에 들게 되었습니다. 그래서 키워드가 '성막'이 되었습니다.

그렇게 된 이유는 단 하나, 집착 때문입니다.

집착은 무서운 힘입니다.
믿음은 시작하게 하고, 집착은 성취하게 합니다.
집착은 집착의 행동을 하게 만듭니다.

날씨가 잔뜩 흐린 어느 날 아침이었습니다. 남편이 출근하려는데 아내가 말했습니다.

"여보! 오늘 퇴근하고 돌아올 때 우산 5개만 사오세요. 우리 둘, 아들, 그리고 딸의 것, 그리고 한 개는 여분이에요."

남편은 그렇게 하겠다고 하고 집을 나섰습니다. 전철 옆에 남자가

우산을 옆에 두고 신문을 보고 있었습니다. 우산에 집착하여 우산만 생각하던 그는 옆 사람의 우산을 집어 들고 내리려고 하였습니다. 옆 사람이 말했습니다.

"여보세요. 내 우산인데요."

그는 미안하여 견딜 수 없는 마음으로 말했습니다.

"미안해요. 우산에 집착하여 착각하였습니다."

돌아오는 길에 우산을 5개 사가지고 전철을 탔습니다. 자리에 앉는데 우연히도, 아침에 옆에 있었던 사람이 또 옆에 앉아 있습니다. 우산 5개를 들고 있는 그를 보면서 가만히 말했습니다.

"오늘 수입이 좋으시군요."

집착하게 되면 자신도 모르게 나오는 행동을 '집착 행동'이라고 말합니다. 집착하게 되면 다음과 같은 집착 행동을 하게 됩니다.

1. 집착하면 몰두하게 됩니다

집착의 다른 말은 몰두입니다. 집착하는 행동에 몰두하느라고 다른 것들은 잊어버립니다. 저는 20년 동안 성막에만 몰두하였습니다.

어느 나라에 가든지 성막 책을 구입하였습니다. 아무리 비싸도, 비록 글자를 몰라도 구입하였습니다. 이제 성막 책이 780권이 되었습니다. 집착하면 몰두하게 됩니다.

만년설이 하얗게 덮여 있는 히말라야를 바라보는 마을이 있습니다. 어느 날 프랑스의 처녀가 찾아와서 방을 얻어 살기 시작하였습니다. 예쁘장한 처녀는 아침이면 히말라야로부터 흐르는 냇가에 앉아 물을 물끄러미 쳐다보고, 저녁이면 돌아가곤 하였습니다. 동네 사람들이 무엇을 하고 있느냐고 물으면, 살며시 웃기만 하였습니다.
계절이 바뀌었습니다.
해가 바뀌어 갑니다. 그러나 그 처녀의 습관적인 행동은 바뀌지 않았습니다. 언제나 한결같았습니다. 이제 얼굴에 주름살이 잡히기 시작하였습니다. 늙은 할머니가 되었습니다.
어느 날 시체 하나가 둥둥 떠내려 왔습니다. 그 시체를 건진 할머니는 부둥켜안고 머리끝부터 발끝까지 입을 맞추며 울었습니다.
"이제야 당신이 돌아왔군요. 당신은 나와 약혼하고 히말라야 등산을 떠나 조난을 당하여 눈 속에 파묻혔지요. 하지만 시신을 찾을 수 없어서 조난 구조대가 포기하였지요. 그러나 나는 포기하지 않고 당

신을 기다리고 있었어요. 눈이 녹으면 언젠가는 당신이 내 곁으로 돌아올 줄 알았어요."

몸부림치며 처녀는 울었습니다.

한국이 낳은 세계적인 발레리나 강수진의 발이 매스컴에 소개된 적이 있습니다. 정말 흉측하게 생겼습니다. 그러나 그 발은 우리나라에서 가장 아름다운 발입니다.

하루에 10시간 이상 발끝으로 서는 연습을 하였습니다. 그리고 신발 150켤레를 닳게 하였습니다. 공연을 앞두고 맹연습할 때 그녀의 발은 부르트고, 갈라지고, 물집이 잡힙니다. 그리고 곪아 터집니다. 그녀는 발이 아파서 견딜 수 없는 적이 많았습니다. 그래서 발에 수분을 공급하기 위하여 2리터짜리 물병을 들고 다닐 때가 종종 있었습니다.

발레에 집착한 그녀는 그 무엇도 다 포기할 수 있었습니다.

집착하면 늙어가는 것도 모릅니다. 집착하면 그 일에만 몰두하게 됩니다.

2. 집착하면 아이디어가 생깁니다

집착하면 집착하는 일을 할 수 있는 아이디어가 나옵니다.

저는 성막에 집착하니까 성막을 어떻게 공부해야 할지 아이디어가 생겼습니다. 780권의 책 모두를 우선 읽어야 했습니다. 그래서 이런 기도가 필요하였습니다.

"하나님! 영어 책 읽는 것과 한국 책 읽는 것이 같게 해주세요."

하나님은 하려고 하는 것을 할 수 있게 만들어 주시는 분입니다. 하나님은 그렇게 되게 해주셨습니다. 우선 성막 책을 읽고 좋은 책은 출판사를 통하여 저자를 찾았습니다. 100% 찾을 수 있었습니다. 그분과 편지로 교제를 나눕니다. 그리고 때가 되면 그분의 성막 세미나에 찾아갑니다. 그리고 헌금을 합니다. 공부하고 더 많은 자료를 구입합니다.

집착하면 아이디어가 생깁니다.

얼마 전에 우리나라에 화제가 된 이야기가 있습니다. 한 농사꾼이 고등학교 교과서인 《진로와 직업》에 최초로 실렸습니다. 충북 음성군에서 고추 농사를 25년간 짓고 있는 이종민 씨 이야기입니다. 컴퓨

서론

터 농사를 짓는 것도 아니고 기발한 것도 아닌 평범한 이야기인데, 교과서에 실려 학생들의 귀감으로 삼겠다는 것입니다.

학력은 중학교 한 학기 공부한 것이 전부입니다. 집안이 너무나 가난하여 부모님이 학자금을 내는 시기마다 걱정하였습니다. 부모님의 걱정을 덜어 드리려고 일부러 학교를 중퇴하였습니다. 그리고 농사일에 나섰습니다. 그 학력 가지고는 취직이 불가능하기 때문이었습니다. 그는 음성이 이름난 고추 산지라는 사실을 알았습니다. 그래서 고추로 성공해 보자고 결심하였습니다.

우선 그는 도시에 고추를 팔아야 돈을 벌 수 있다는 것을 알았습니다. 그래서 도시에 살고 있는 사람들이 어떤 고추를 좋아하는가를 연구하였습니다. 우리 한국 사람의 70%가 매운 고추보다는 달면서도 덜 매운 고추를 좋아한다는 사실을 알아냈습니다. 그는 밤잠을 자지 않고 연구하였습니다.

'물을 얼마나 주면 그런 고추가 나올까?'

'물을 몇 시에 몇 번 주면 달고 맵지 않은 고추가 생산될까?'

그는 이렇게도 해보고 저렇게도 해보면서 드디어 그런 고추 생산에 성공하였습니다. 피눈물 나는 노력의 결과였습니다. 그리고 고추 빛깔은 검붉은 것이 제일 좋다는 것도 알아냈습니다. 어떻게 하면 그런 고추가 나올지를 계속 연구한 것입니다. 건조법도 개발하였습니다. 자갈을 깔고 비닐하우스를 만들고 그 안에 고추를 말리면 낮에도 밤에도 태양열로 고추를 말릴 수 있음을 알았습니다.

그는 명품 고추를 드디어 만들어 낸 것입니다. 그의 고추를 사겠다는 사람이 일 년에 4만 명 내지 5만 명이 되었습니다. 그는 음성에 고추 전시장을 만들어 찾아오는 사람을 맞이하였습니다. 이제는 고추를 생산만 하면 아무리 비싸도 사겠다는 이가 늘어났습니다. 미처 생산을 못 따라갈 정도로 날개 돋친 듯이 팔려 나갔습니다. 생산에 비해 요구가 엄청났습니다.

고추 농사에 성공하였습니다. 학력의 장애물, 자본의 문제, 배경이 없어도 어려움을 다 극복하였습니다. 그리고 최선을 다하였습니다. 승리하였습니다.

집착하여 행동하면 집착한 것을 할 수 있는 지혜가 떠오르게 됩니다.

3. 집착하면 힘이 생깁니다

집착하면 집착하는 일을 할 수 있는 힘이 나옵니다. 그 일을 이루

서론

고 말겠다는 집착 때문에 힘이 생기게 되어 있습니다. 누가 뭐라고 해도 흔들리지 않습니다.

성막을 연구하며 힘들 때가 종종 있었습니다.

댈러스 세인트 안토니오 교회의 집회 초청을 받았을 때였습니다.

마침 그 옆에 유명한 대학이 있었습니다. 저는 오직 성막이었기에 도서관에 들어가서 '성막', '성전'을 클릭하였더니, 산더미 같은 책들이 드러났습니다. 온 천하를 다 얻은 것같이 기뻤습니다. 집회를 마치자마자 그 학교로 달려갔습니다. 그리고 도서관장을 만났습니다.

성막, 성전을 연구하고 있는데 이 도서관에서 자료를 찾고 싶다고 요청하였습니다. 공부하겠다는 저를 그는 환영해 주었습니다. 제가 밤늦게까지 도서관에 있더라도 불을 끄지 않도록 배려해 주었습니다. 모든 것이 하나님의 은혜였습니다.

저는 성막, 성전 책을 산더미처럼 복사기 옆에 쌓아 놓았습니다. 그리고 필요한 자료를 우선 복사하였습니다. 어느 때는 밤에 혼자였습니다. 귀중한 사진이 발견될 때가 종종 있었습니다. 그때마다 저는 망설이며 고민하였습니다.

'복사할까? 오릴까?'

그러나 단 한 번도 오린 적이 없었습니다. 아무도 없는 그곳에서 하나님은 보고 계신다는 사실을 생각했기 때문입니다.

▌ 코피가 흘러요

그곳에서 성막론의 쌍둥이인 성전론의 초고를 완성하였습니다. 1994년 3월이었습니다.

그리고 두 달 후 이스라엘에 혼자 들어갔습니다.

성전 연구소 카우퍼를 만났습니다. 그리고 수정을 받았습니다. 검증도 하였습니다. 그리고 가이드와 함께 예루살렘 성을 한 바퀴 돌았습니다.

솔로몬이 쌓은 돌, 헤롯 왕이 쌓은 돌이 달랐습니다. 비잔틴 돌도 구별이 되었습니다. 저 혼자 돌며 다시 확인하고 싶었습니다. 한 바퀴 더 돌고 싶었습니다. 돌았습니다. 그리고 세 번이면 더 확실할 것 같았습니다. 세 번째 돌면서 힘이 들었습니다. 욥바 문 옆 잔디밭에 앉았습니다. 한 사람이 저에게 말했습니다.

"코피가 흘러요."

저도 모르게 손을 댔습니다. 손에 시뻘겋게 피가 묻어 나왔습니다. 저는 피를 닦으며 잔디밭에 머리를 낮추고 다리를 높게 하고 누워 하

늘을 보았습니다. 피가 멈추기를 기다리며…….
'이렇게 하고 살아야 하나?'
피가 멈추자 눈물이 핑그르르 돌았습니다.
그러나 하나님은 성막론과 성전론을 이 정도까지 오게 힘을 주셨습니다. 하나님은 하려고 하는 자에게 할 수 있는 능력을 주십니다.

▌두 돌판

성막을 완성하면서 힘든 고비가 한두 번이 아니었습니다. 저는 시내 산에 셀 수 없을 정도로 올랐습니다. 한번은 내려오는데 모세처럼 하고 싶었습니다. 두 돌판만한 돌을 두 개 주워서 양쪽에 안았습니다. 그리고 모세처럼 내려오다가 얼마나 무거운지 버리고 말았습니다.
아무나 모세가 되는 것이 아니었습니다.

▌공항 조사

성막 때문에 이스라엘을 드나들면서 가장 어려운 곳은 공항이었습니다. 40대, 50대 남자가 혼자 다니면 밀실로 데리고 갑니다. 그리고 팬티만 남기고 다 벗게 합니다. 그러고는 옷을 하나하나 조사하여 하나하나 입게 합니다. 철저합니다.

제가 목사인 것을 알고, 제 얼굴도 압니다. 그래도 그렇습니다.
"당신의 생명을 위해서입니다."
이렇게 말합니다. 사실입니다. 이스라엘 비행기가 폭파되거나 테러를 당한 적이 한 번도 없는 이유가 분명합니다.
참고 순종하는 방법밖에 없습니다. 혼자 다닐 때에는 보통 3시간 조사를 받곤 하였습니다. 성막을 공부하며 가장 힘든 일 중의 하나였습니다.

히틀러가 유대인들 600만 명을 학살할 때 있었던 이야기입니다. 젊고 유능한 외과의사가 아우슈비츠 유대인 수용소에 갇혀 있었습니다. 하루도 빠지지 않고 수천 명씩 가스실과 인체 실험실로 끌려가는 동족들의 죽음의 행렬을 바라보며 살았습니다. 머지않아 자신도 가스실의 제물이 되고 말 것이란 것을 마음 졸여 하고 있었습니다.
일단 아우슈비츠 수용소에 들어오면 교도관이 이렇게 말합니다.
"너희들이 이 수용소를 나가는 길은 두 가지가 있다. 하나는 죽어서 시체가 되어 나가는 길이다. 다른 하나는 독가스로 죽어 불에 타서 연기가 되어 굴뚝으로 나가는 길이다. 그 외에는 길이 없다. 탈출할 생각은 아예 하지 마라."

서론

    그러나 죽일 때까지 끌려 나가 노동으로 시달려야 했습니다. 그는 감방에서 밖으로 작업에 들어갈 때마다 한 것이 있습니다. 흙 속에 몰래 파묻어 둔 날카로운 유리조각을 꺼내 들었습니다. 그리고 시멘트에 갈아서 그것으로 면도를 하며 얼굴을 단정히 하였습니다.
    언제 죽을지 모르는 상황에서도 그가 집착하는 것이 하나 있었습니다.
    '살아 나가야 한다.'
    대단한 집착이었습니다. 동료들은 비웃었습니다.
    "언제 죽을지 모르면서 수염을 깎아서 무엇하나?"
    그러나 그는 말했습니다.
    "하나님이 우리를 구원하리라는 것을 굳게 믿는다네. 단지 조금 늦을 뿐이라네."
    그러고는 그는 하루도 빠짐없이 면도를 하고 얼굴을 말끔히 단장하였습니다. 나치 군인들은 면도질로 말끔한, 절망하지 않은 그의 모습을 보고 끌어낼 수가 없었습니다. 죽일 차례를 자꾸만 뒤로 미루었습니다.
    드디어 나치가 패망하는 날을 맞았습니다. 그는 그날까지 살아남아 있었습니다.

그가 죽음의 수용소인 아우슈비츠를 떠나던 날 그가 소중하게 지닌 귀중품이 하나 있었습니다.
'깨진 푸른 유리 한 조각'
그 외과의사는 후에 스웨덴에서 병원을 개업하여 성공하였습니다. 그는 유월절이 오면 자기가 작사한 노래를 늘 불렀습니다.

> 하나님의 구원은 결코 늦는 법이 없다네
> 다만 우리가 너무 성급할 뿐이라네

이 사람이 그 유명한 프랭클린입니다.

제가 알고 있는 초등학교 선생님 한 분은 네잎클로버에 집착하였습니다. 무서운 집착이었습니다.
평생 네잎클로버 3만 개를 모아서 기네스북에 기록되는 것이 목표라는 것입니다.
주말이면 늘 야외로 나갑니다. 주일이면 늘 들판으로 나가서 삽니다. 오직 '네잎클로버' 입니다. 겨울 방학이면 여름이 있는 나라로 갑니다. 그리고 오직 토끼풀이 있는 곳으로 갑니다.

돈보다 네잎클로버가 더 좋습니다.
집착의 힘입니다.

병원에 입원해 있는 아이가 주먹을 쥐고 펴지 않습니다. 누가 어떤 방법으로 펴려고 해도 실패하였습니다.
도대체 왜 손을 펴지 못하고 주먹만 쥐고 있는지 알 길이 없었습니다. 며칠 후 그 아이는 죽었습니다. 이제 주먹을 펼 수 있었습니다. 모두가 궁금하여 손을 펴 보았습니다. 돌아가신 엄마 사진이 들어 있었습니다.
엄마가 매우 보고 싶어 엄마 사진에 그렇게 집착하였던 것입니다. 그 사진을 누가 빼앗아 갈까 두려워 주먹을 결사적으로 쥐고 있었던 것입니다.
집착은 힘입니다.
집착은 집착하는 것을 이룰 수 있는 능력을 줍니다.

4. 집착하면 성취하게 됩니다

집착하면 집착한 일을 성취하게 됩니다. 집착한다는 말은 성취하고야 만다는 말입니다.

저는 성막론 정리를 위하여 심혈을 기울였습니다. 21년 동안 240기 성막 세미나를 마쳤습니다. 36,000명의 목사님들이 공부하면서 하신 질문에 답한 것도 큰 재산입니다. 이제는 성막에 관하여는 어떤 질문을 누가 해도 그 질문이 그 질문 같습니다. 어쩌다가 새로운 질문이 나올 수 있습니다.

집착은 성취입니다.

중국 이야기입니다.

일곱 식구가 가난하지만 농사를 지으며 근근이 살아가는 집안이 있었습니다. 아버지는 그래도 낙천적이라 늘 웃고 살았습니다. 그런데 아버지가 가장 사랑하는 것이 담배 파이프였습니다. 송나라 때부터 내려오는 가보라면서 그 담뱃대를 무척 사랑하였습니다. 조상 때부터 물려받은 것이라고 하였습니다.

굉장히 비싼 것이었습니다. 아무리 어려워도 팔지 않았습니다. 가정에 보물 제1호였습니다. 어느 날 농부 아들이 중국 최고의 대학인 베이징 대학에 합격하였습니다. 아버지는 동네방네 다니며 아들 자랑하고 다녔습니다. 때로는 소리를 지르며 다녔습니다.

"내 아들이 베이징 대학생이 되었습니다."

그러나 등록금이 없었습니다. 등록 마감일이었습니다. 아버지는 두둑한 돈을 가지고 왔습니다. 아들은 그 돈을 받으면서 아버지의 위 호주머니를 보았습니다. 예상대로 담배 파이프가 없었습니다. 아버지는 보물 제1호를 판 것이었습니다. 골동품으로 제법 가격이 되는 물건이었기 때문입니다.

세월이 흘렀습니다.

대학을 졸업한 아들은 원하던 회사에 들어갔습니다. 20년이 흘러 그 회사의 중역이 되었습니다. 이제 아버지는 80세 생일을 앞두고 있었습니다.

80세 생일을 맞은 날 온 가족들이 다 모였습니다. 모두가 생일 선물을 준비하여 하나하나 드렸습니다. 이 아들은 라면 박스만한 상자를 아버지 앞으로 가지고 나왔습니다.

열었습니다. 붉은 포장지로 싼 물건이 나왔습니다. 벗겼습니다. 또 상자가 있었습니다. 상자를 여니 또 상자, 상자를 여니 또 상자……모두 상자 8개가 나왔습니다. 마지막으로 손바닥만한 상자가 나왔습니다. 그 안에는 아버지가 애지중지하던 파이프가 들어 있었습니다.

아버지 눈가에서는 눈물이 주르륵 흘러 내렸습니다. 아들이 말했습니다.

"아버지! 이 파이프를 찾아 15년 동안 전국을 다녔습니다. 골동품점을 이 잡듯이 뒤져 드디어 찾았지요. 80회 생일 선물입니다."

모두가 박수를 치며 울었습니다.

집착하면 성취하게 됩니다. 집착하면 놀라운 일을 해냅니다.
집착은 무서운 힘입니다.
저는 20년 동안 성막에 집착하였습니다. 개 눈에는 무엇만 보인다고, 사람들은 집착하는 것만 보이게 됩니다.

이러한 집착의 모델은 예수님입니다.

> "새벽 오히려 미명에 예수께서 일어나 나가 한적한 곳으로 가사 거기서 기도하시더니 시몬과 및 그와 함께 있는 자들이 예수의 뒤를 따라가 만나서 가로되 모든 사람이 주를 찾나이다 이르시되 우리가 다른 가까운 마을들로 가자 거기서도 전도하리니 내가 이를 위하여 왔노라 하시고 이에 온 갈릴리에 다니시며 저희

서론

여러 회당에서 전도하시고 또 귀신들을 내어쫓으시더라"(막 1:35-39).

예수님은 오직 전도에 집착하였기에 전도만 생각하셨습니다.

집착은 사명입니다.

저는 미국에서 걸레 박물관도 보았습니다. 고대 걸레, 현대 걸레, 각국의 걸레들을 모으니까 훌륭한 박물관이 되었습니다. 그는 평생 오직 걸레만 모았습니다. 평생 걸레에만 관심을 가졌습니다.

모든 돈을 걸레 모으는 데에만 사용하였습니다. 볼거리가 있는 걸레 박물관이 되었습니다.

집착은 창조입니다.

저는 20년 동안 오직 성막으로 살았습니다. 20년 동안 성막과 함께 살면서 있었던 이야기들을 모았습니다. 그 어느 누구도 경험할 수 없는 특별한 경험들만 조각조각 모으니 저도 신기하였습니다.

성막 발견

"나의 나 된 것은 하나님의 은혜로다."

그렇습니다.
저는 지금 한국에서 '성막의 대명사'가 되었습니다. 저는 일 년 열두 달 매주마다 거의 빠짐없이 전국, 그리고 국경을 넘어 많은 교회를 쉴 사이 없이 방문합니다. 저를 소개할 때마다 빠지지 않는 말이 있습니다.
'성막의 최고 권위자'
'성막의 대명사'
제가 성막을 접하게 된 것은 정말 우연한 기회였습니다. 제가 성막에 집착하게 된 것은 전적으로 하나님의 은혜였습니다.

지구상에서 제일 교회 개척을 많이 한 교회는 로스앤젤레스에 있는 은혜한인교회입니다. 김광신 목사님이 목회하시는 교회입니다. 피터 와그너가 그렇게 결론을 내렸습니다. 그 교회의 세 번째 부흥회를 산상 집회로 인도하였습니다. 그 교회 기도원입니다. 기도원으로 올라가 집회 장소로 올라가는데, 김 목사님이 옆 땅을 가리키면서 말씀하셨습니다.

"여기에 성막을 지으려고 준비 중입니다."

그때 저는 성막이 무엇인지 몰랐습니다.

"그래요?"

이것이 제 대답의 전부였습니다. 그리고 끝났습니다. 그러나 그 한 마디가 제 마음에 살아 움직이기 시작하였습니다.

'성막을 무엇 때문에 지으려고 하시는 것일까?'

'성막이 무엇일까?'

저는 신학대학, 대학원, 그리고 목회학 박사, 또 신학교에서 5년간 강의를 하였지만 성막을 제대로 몰랐습니다. 그래서 성막을 짓는다는 그 깊은 뿌리를 몰랐습니다.

그 후 뉴욕에서 여행 중이었습니다.

유럽에서 종교의 자유를 찾아 미국으로 이민 와서 살고 있는 아마쉬 사람들이 사는 마을에 가보고 싶었습니다. 경건 운동을 주도하고 있는 이들이었기 때문입니다.

저는 목사의 아들로 태어나서 목사가 되었습니다. 그래서 경건 생활이 좋았습니다. 자기 관리를 못하는 막된 이들이 싫었습니다. 그래서 경건 운동을 하고 있는 그 마을을 찾아갔습니다. 아주 시골 동네였습니다. 넓은 벌판 여기저기에 집들이 드문드문 있을 뿐이었습니다.

첫 번째로 놀란 것이 전기가 없다는 것이었습니다.

제가 그곳 주민에게 물었습니다.

"왜 전기가 없나요?"

그들의 대답은 저를 너무나 놀라게 하였습니다. 전기를 사용하게 되면 TV를 보게 되고, TV를 보면 안방에 죄가 들어오게 된다는 것입니다. 세상의 죄를 멀리하려고 전기를 사용하지 않는다는 것입니다.

지금 시대에 전기를 사용하지 않으면 원시생활을 하게 됩니다. 그런데 이들은 이렇게 살고 있었습니다.

그리고 자동차가 없었습니다. 마차를 타고 다닌다는 것입니다.

그 이유를 물었습니다.

자동차를 타면 멀리 다니게 되고, 멀리 다니면 놀러 다니기 쉽다는 것입니다. 그들은 여행도 하지 않습니다. 그들의 마음속에는 오직 예수님만 기다리고 있었습니다. 저는 그들의 경건한 생활에 놀랐습니다.

저는 그 곳에서 민박을 신청하였습니다. 누구에게나 열려 있는 민박입니다. 저에게 쉔크라는 가정을 소개해 주었습니다. 저는 쉔크 집에서 며칠 머물게 되었습니다. 아침에 눈을 뜨고 저녁에 잘 때까지 과정을 보면서 함께 며칠을 지내게 되었습니다.

✿ 지어 놓은 첫 성막 발견

저는 그들의 경건 운동의 뿌리가 무엇인지를 알아보았습니다. 그들의 경건 운동의 뿌리가 바로 성막이었습니다.

마을 가운데 싱믹을 만들어 놓있습니다. 성믹을 만들어 놓있다는 자체가 충격이었고 놀라움이었습니다. 신비하였습니다. 지금 돌이켜 보면 세계에 지어놓은 성막 중에 가장 엉터리고 가장 초라한 란카스타 성막이지만, 처음 보는 성막은 놀라움과 신비였습니다.

조금은 늙은 사모님으로부터 성막에 대한 설명을 들었습니다.

성막은 '오직 예수'였습니다.

조근조근 설명하는 한마디 한마디는 제 가슴을 울렸습니다. 진한 감동이었습니다. 신학 공부를 할 만큼 한 저였지만 성막 공부는 처음이었습니다. 알고 보니 그 성막을 만드신 제어 목사님의 사모였습니다. 떡상의 떡은 자기가 남편을 도와 직접 만들었다는 것입니다.

한국의 분위기를 아는 저는 한국이 성막의 불모지임을 알았습니다. '내가 한국의 성막을 발전시켜야 한다.' 성막에 대해 하나님이 사명을 주시는 순간이었습니다.

✤ 첫 성막 공부

한국으로 돌아온 저는 제일 먼저 기독교 서점을 모조리 뒤졌습니다. 성막에 대한 책을 겨우 3권 구할 수 있었습니다.

읽었습니다. 감동이 없었습니다. 성경적으로 깊지 않았습니다. 신학적으로 정리되어 있지도 않았습니다. 성막에 갈증을 가지고 있는 저에게 흡족함을 주지 못하였습니다.

저는 우선 성막 원서를 모조리 구하기로 작정하였습니다. 제가 할 수 있는 것을 총동원하기로 하였습니다. 미국의 알고 있는 친지에게 부탁하였습니다.

"돈에 구애받지 말고 기독교 서점에 가서 성막이란 글자만 들어 있으면 무조건 다 사서 붙여 주십시오."

그렇게 하여 책을 받았습니다.

제가 미국으로 부흥회를 가면 틈나는 대로 서점에 들렀습니다. 뉴욕에 우리 교회에서 해외 근무로 나가 있는 백승암 집사님이 있습니다. 뉴욕에 부흥회를 떠나면서 유대인 책방을 알아 놓아 달라고 부탁하였습니다.

놀랐습니다. 유대인 책방을 인터넷으로 알아 놓았습니다. 그리고 답사까지 해 놓았습니다. 저는 제일 큰 책방부터 들렀습니다.

그 큰 서점을 한 권도 빼놓지 않고 모조리 뒤졌습니다. 얼마나 많은 시간이 흘렀는지 배가 고플 정도였습니다. 너무나 힘이 들었습니다. 바닥에 주저앉아서 책을 살피기도 하였습니다.

세계에서 유대인 책방이 제일 많은 곳이 뉴욕입니다. 뉴욕의 유대인 책방을 모조리 뒤졌습니다.

집에 돌아올 때에는 비행기에서 추가 비용을 물어야 할 정도로 책이 많았습니다. 강사비는 모조리 성막 책 구입비로 사용되었습니다. 오히려 카드로 산 비용을 추가로 부담해야 했습니다.

일본 오차노마이에 갔습니다. 어묵 국물로 유명한 곳입니다. 3대를 쉬지 않고 어묵 국물을 끓이는 가마솥에 불을 꺼뜨리지 않았다고 하여 유명한 집이 있는 곳입니다. 어묵 국물을 먹으러 갔다가 어묵집은 가지 않고 기독교 서점에 들렀습니다. 성막 책을 모조리 찾아냈습니다. 마치 군대에서 숲속을 수색하는 수색대 같았습니다. 총 3권이었습니다.

    이렇게 각국 성막 책들도 찾았습니다. 성막 책이 쌓이기 시작하였습니다. 성막 원서만 780권 정도였습니다. 성막 책 한 권 한 권을 읽을 때마다 느끼는 감정은 묘하였습니다.

    '나도 원서로 진리를 찾을 수 있는 수준이 되었구나.' 이런 생각에 제가 생각해도 제 스스로가 대견하였습니다.

    그리고 그동안 저도 알지 못하였고 한국의 성도들은 물론, 목사님들도 알지 못하는 사실들을 수없이 발견하였습니다. 누구도 모르기에 누구도 알려주지 못했던 진리들이 쏟아져 나오기 시작했습니다.

    전하는 사람이 없는데 들을 사람이 어디 있겠습니까?

    저는 우선 원서들을 읽으며 새로운 사실들을 모두 정리하기 시작했습니다. 그리고 좋은 책은 아예 번역, 출판하기로 작정하였습니다. 출판한 책들이 늘어나기 시작하였습니다.

1. 구약으로 예수를 말한다
2. 유월절(가정)
3. 유월절(성전)
4. 초막절
5. 번제
6. 소제
7. 대속죄일
8. 수전절
9. 문둥병과 죄

10. 쉐마
11. 창세기 미드라쉬
12. 출애굽기 미드라쉬
13. 레위기 미드라쉬
14. 민수기 미드라쉬
15. 신명기 미드라쉬
16. 여호수아 미드라쉬
17. 사사기 미드라쉬
18. 노아 미드라쉬
19. 가정 미드라쉬
20. 성전 파괴 미드라쉬
21. 아브라함 미드라쉬
22. 창조 미드라쉬
23. 아담 미드라쉬
24. 모세 미드라쉬(상)
25. 모세 미드라쉬(중)
26. 모세 미드라쉬(하)
27. 가인 미드라쉬
28. 사무엘상 미드라쉬
29. 사무엘하 미드라쉬
30. 요셉 미드라쉬
31. 성자 미드라쉬
32. 법궤를 찾아서
33. 스트레스 극복론

34. 불가능은 없다

35. 행복한 크리스천의 고백

36. 유대인들이 예수를 믿지 않는 36가지 이유

    번역의 즐거움이 있습니다. 우리나라에서 처음으로 이런 진리의 처녀봉에 오른다는 즐거움입니다.

    번역의 어려움이 있습니다. 번역은 창조보다 어렵다는 말이 있습니다. 문화와 공간이 달라서 도저히 이해되지 않고 번역이 되지 않는 부분이 있습니다.

    예를 들면, 우리나라의 '아리랑' 은 다른 나라 말에 없는 말입니다. 외국의 그런 말이 나올 때는 우리나라 말도 없습니다. 고통스러운 진통을 겪을 때가 있습니다. 번역의 보람이 있습니다.

    새로운 책은 아들같이 귀합니다.

    그 외에 저술한 책들도 늘어나기 시작하였습니다.

1. 정상에 도전하라

2. 위에서 정상을 본다

3. 누구나 성공할 수 있다

4. 이렇게 성공하라

5. 약점도 아름다워라

6. 실수도 아름다워라

7. 최선도 아름다워라

8. 고난도 아름다워라

9. 역경도 아름다워라

10. 작은 것도 아름다워라

11. 사명도 아름다워라

12. 에덴에서 갈보리까지

13. 달고 오묘한 그 말씀

14. 예수님이 좋아요

15. 산아! 네가 무엇이냐?

16. 도피성으로 도피하라

17. 영적 원수와 원수가 되라

18. 팔복 강해

19. 사도행전 강해

20. 십계명 강해

21. 히브리서 강해 1

22. 히브리서 강해 2

23. 십일조 십계명

24. 십자가상 7언

25. 예수님의 기적 35가지

26. 성령의 9열매

27. 피 흘림이 없은즉

28. 네 줄로 보석을 물리되

29. 성막(단행본)

30. 성막(바인더)

31. 성전(단행본)

32. 성전(바인더)

33. 거기서 내가 너와 만나고

34. 성막 따라 전설 따라

35. 물벽 사이로 가나안이 보인다

36. 성막으로 예수를 말한다

37. 갈보리 산 위에 십자가 섰으니

38. 요한계시록에 나타난 역사성 연구

39. 선교가 교회 성장에 미치는 영향 연구

40. 양육 교재(7권)

41. 그림을 그려오라

42. 내게 와서 쉬라

43. 믿음 up

44. 악감정 재채기

45. 탈무드 유머집(1)

46. 탈무드 유머집(2)

47. 탈무드 유머집(3)

48. 옷을 팔아 책을 사라

❤ 성막 제작

어느 날 갑자기 제 마음속에 이런 생각이 들었습니다.

'한국에서 성막 하나 지었으면 좋겠다.' 그래서 성막을 달라고 기도를 시작하였습니다. 그때 기도 중에 벼락같이 하나님이 말씀하셨습니다.

"네가 만들어라."

저는 모세처럼, 요나처럼 손을 흔들었습니다.

"하나님! 저는 못해요."

그런데 하나님께서 간단한 아이디어를 주셨습니다.

"모형이다. 5분의 1로 줄이고, 성경에 있는 물질 대신에 구할 수 있는 것으로 대신 사용하면 된다."

너무나 간단하였습니다.

그래서 5분의 1로 축소하여 성막 모형을 만들기 시작하였습니다.

그런데 어느 목사님이 제게 이렇게 말했습니다.

"이제 한국도 진짜 법궤를 만들 때가 되었잖아?"

그래서 조사해 보니 성경대로 법궤를 만들려면 400억 원 정도의 돈이 들어간다는 사실을 알게 되었습니다.

도저히 불가능하였습니다. 저는 이렇게 기도하였습니다.

"하나님! 어느 큰 교회에서 멋지게 성막을 만들고, 법궤도 400억 들여서 만들어 놓으면 제가 그것을 보면서 강의하고 싶습니다."

그러나 하나님은 벼락 치듯이 저에게 말씀하셨습니다.

"네가 만들어라."

"하나님! 우리 교회는 그 정도를 할 능력이 없습니다. 저도 그럴 힘이 없습니다."

그러나 기도하면 할수록 하나님은 제게 재촉하셨습니다. 제가 하나님의 속을 썩일 때가 종종 있었을 것입니다. 그러나 그 때만은 하나님께서 제 속을 썩일 때였습니다. 저는 하는 데까지 해보고 싶었습니다. 하나님의 강권 때문입니다. 그래서 어느 주일 기습적으로 이런 설교를 하였습니다.

"우리 갈보리 성도 여러분! 하나님께서 목사에게 주신 사명은 여러분에게 주신 사명입니다. 하나님께서 우리 교회에서 성막을 만들라고 하십니다. 법궤만도 400억 정도의 금이 들어갑니다. 오늘 금반지, 금목걸이 모두 하나님께 드리십시오."

성도들은 모두 놀랐습니다. 그러나 아름다운 모습으로 순종하였습니다. 금반지를 뺐습니다. 금목걸이를 풀었습니다. 그러나 어떤 성도는 금반지를 빼서 가방 속에 넣고 갔습니다. 며칠 지나니까 비밀 없이 모두 탄로가 났습니다. 한 달 동안 열심히 금 모으기를 하였습니다.

금반지 3천 개가 모였습니다. 그것이 우리 교회의 한계였습니다. 더 이상 모을 수가 없었습니다. 금 때문에 스트레스가 쌓이고 있었습니다. 더 모을 수도 없고, 만들 수도 없었습니다.

한계에 부딪친 저는 어느 주일에 광고를 한 번 더 하였습니다.

"금이 많이 부족합니다. 금니 낀 사람들은 금니도 빼십시오."

그 후 우리 교회에서는 이런 말이 돌았습니다.

"금니 한 사람들은 목사 앞에서 웃지도 말아라."

그러던 어느 날 늦은 저녁이었습니다.

당시 우리 교회에서 걸어서 5분 거리에 성동구치소가 있었습니다. 구치소에서 출소한 죄수 한 명이 우리 교회를 찾아왔습니다. 그리고 제 방으로 들어왔습니다. 책상을 있는 힘을 다하여 치면서 소리를 질렀습니다.

"나 전과 16범이오. 지금 나왔는데 부산 가야 해요. 차비 좀 주시오."

정말 안하무인이었습니다. 어이가 없었습니다. 돈을 맡겨 놓은 것 같이 말했습니다. 기가 막혀서 가만히 있는데 윗옷을 벗으면서 말했습니다.

"나 이런 놈이오."

상체를 벗었는데 온갖 칼자국이 낭자하였습니다. 갈비뼈와 어우러져 꼭 빨래판같이 보였습니다. 그래서 저도 모르게 외마디 소리를 냈습니다.

"빨래판 같군요."

그가 말했습니다.

"그래요. 내 별명이 빨래판이오."

저는 돈을 많이 줄 수 없었습니다. 그렇다고 조금 주었다가는 난리가 날 것 같았습니다. 순간적으로 하나님께 지혜를 달라고 기도하였습니다.

"하나님! 이런 때는 어떻게 해야 하나요?"

순간적으로 하나님이 지혜를 주셨습니다.

"배고프시지요. 식사나 하고 내려가세요. 차표를 끊어 드릴게요."

"밥 사주실래요?"

"그래요."

저는 그를 데리고 자장면 집으로 갔습니다. 자장면을 먹으면서 저는 기회만 되면 돈이 없다는 이야기를 반복하였습니다.

"요즈음 극심한 불황이에요. 당신은 지금 사회 분위기를 잘 몰라요."

이런 식의 이야기였습니다. 그렇게 이야기하면 조금 주면 괜찮을 것 같았습니다. 분위기도 만들지 않고 조금 주었다가는 난리날 것이 틀림없다고 생각해서입니다. 막 자장면을 먹는데 그가 말했습니다.

"목사님! 목사님 교회에 와서 성막 만드는 것을 보았습니다. 법궤는 금으로 만들어야 한다면서요?"

저는 때는 이때라 싶어서 재빨리 말꼬리를 잡았습니다.

"그래요. 우리가 성막을 꼭 만들어야 하는데 돈이 없어서 걱정이에요. 더구나 법궤는 금값만 400억이 들어간다는데 도저히 불가능해요."

그는 젓가락을 놓더니 주먹을 쥐면서 말했습니다.

"목사님! 도둑놈 측면에서 본 성막을 말씀드리겠습니다."

"그래, 도둑놈은 성막을 어떻게 봅니까?"

그는 신나서 말을 이었습니다.

"목사님! 절대로 금으로 만들지 마십시오. 누구 죽을지 모릅니다. 400억이요? 오늘 만들고 내일 사람이 죽습니다. 우리 도둑놈들은요, 500만 원 정도의 금만 들어 있어도 탐을 냅니다. 절대로 금으로 만들지 마십시오. 400억 금이 들어가면 지키는 비용만도 엄청날 것입니다."

그는 계속 말을 이었습니다. 저는 지금까지 예수님의 말씀이 저를 자유롭게 한 적은 많은데 도둑놈의 말이 저를 자유롭게 한 적은 처음이었습니다. 그때 불현듯 제게 아이디어가 스쳤습니다.

'그렇다. 금으로 만들 돈도 없지만 금으로 만들었다가는 누구 죽을지도 모른다. 나무토막으로 만들고 금분을 칠하자.'

그리고 나무토막에 조각을 시작하였습니다. 전문가에게 제가 원하는 대로 조각하게 하였습니다. 제 구상에 조각가의 손이 합하여 한 달 만에 실물 크기의 법궤가 드디어 완성되었습니다. 금분을 칠하였습니다. 꼭 금으로 만든 것 같았습니다.

이것이 한국 최초의 법궤 모형이었습니다.

🕊 법궤 봉헌 예배

저는 한국 최초의 법궤라 봉헌 예배를 드리고 싶었습니다. 광고를 하였습니다. 목사님과 성도들이 약 400명 정도가 모였습니다.

당시 우리 감리교를 대표하는 분은 광림교회 김선도 감독 회장님이었습니다. 그분이 설교를 맡았습니다. 김우영 목사님이 축사를, 김한식 목사님이 격려사를, 그리고 아버지가 축도를 맡았습니다.

그런데 김선도 목사님이 법궤 바로 옆에 자리를 만들었습니다. 그분이 불안해 하는 모습이 보였습니다. 그래서 찬송가를 부르는 시간에 제가 가만히 다가가서 조용히 물었습니다.

"감독님! 왜 그렇게 불안해 하세요?"

감독님이 말했습니다.

"강 목사! 나를 왜 법궤 옆에 앉혔어. 잘못 건드리면 죽잖아?"

그제야 저는 불안해 하는 이유를 알았습니다. 저는 재빨리 법궤로 가서 법궤를 만지면서 말했습니다.

"감독님! 이것은 진짜 법궤가 아니에요. 모형 법궤예요. 사람들에게 법궤가 이렇게 생겼다는 것을 보여주려고 만든 것입니다."

제가 법궤를 만지면서 아무렇지도 않은 것을 보고, 안심하면서 감독님이 말했습니다.

"안 죽는구나!"

그리고 평안을 찾았습니다.

은혜롭게 법궤 봉헌 예배를 드리면서 광고 시간에 제가 이렇게 말했습니다.

"성경대로 법궤를 만들려면 400억 원이 들어갑니다. 그러나 이 법궤는 나무토막에 조각을 하고 금분을 칠하였기에 400만 원 들어갔습니다. 한국 최초의 법궤 모형입니다. 우리 교회에서 지불해도 됩니다. 그러나 누구든지 봉헌할 수 있는 기회를 드리겠습니다."

그때 중간쯤에 앉은 목사님이 손을 번쩍 들었습니다. 저는 말했습니다.

"고맙습니다. 예배 마치고 만나고 가세요."

예배를 마쳤습니다. 둘이 만났습니다. 저는 메모지와 연필을 들었습니다. 그리고 이야기가 시작되었습니다.

"이름은요?"

"직함은요?"

"교단은요?"

"주소는요?"

이렇게 묻다가 교회 형편을 물었습니다.

"11명 모이는 2층 교회입니다."

저는 적다 말고 메모지를 내려놓았습니다. 그리고 말했습니다.

"목사님! 그만두십시오. 안 하셔도 됩니다."

그런 교회에서 헌금을 받기가 싫었습니다. 목사님이 말했습니다.

"목사님! 그 순간 하나님이 감동을 주셨습니다. 저는 할 것입니다."

그래서 제가 말했습니다.

"좋아요, 목사님! 하시려고 하다가 어려우시면 전화 한 통 주세요. 하려고 했는데 힘드시면 하지 마세요."

"아니에요. 할 것입니다."

그리고 돌아가셨습니다. 저는 기대하지 않았습니다. 그런데 이틀

만에 온라인으로 400만 원이 들어왔습니다. 저는 전화로 말했습니다.

"목사님, 고맙습니다. 그런데 어떻게 그런 교회에서 400만 원을 헌금하세요? 목사님 교회 건축할 때 전화 주세요. 4천만 원 보내겠습니다."

"정말이요?"

"그럼요. 목사님 교회에서 400만 원이면 우리 교회에서는 그 정도 해야 예의지요."

그리고 전화를 끊었습니다.

❖ 비난

성막 만들기가 순조롭게 진행되어 갔습니다. 비록 작은 성막이었지만 깊었습니다. 성경으로 읽을 때는 그런 대로 읽는다 하더라도 막상 만들려고 하니까 어떻게 만들어야 하는지 막히는 곳이 너무나 많았습니다. 그러나 막힐 때마다 성경을 읽고, 또 읽고 연구하고, 또 연구하면서 성막이 완성되었습니다.

성막을 만들었다고 발표하였습니다. <국민일보>에서 제일 먼저 보도해 주었습니다. 많은 사람들이 신기하게 여기면서 성막을 보러 오기 시작하였습니다.

우리나라 전체에 성막이 만들어진 것을 알리자 신기하게 여기는 사람들이 있었습니다. 어떻게 그런 생각을 하였느냐고 칭찬하는 사람들도 있었습니다. 그러나 언제 어디서나처럼 비난하는 사람들이 생기기 시작하였습니다. ○○ 신문사 사설에서 저를 비난하기 시작하였습니다. 그 요지는 이런 것이었습니다.

"강문호 목사는 이해할 수 없는 행동을 하고 있다. 성막을 교회 내에 만들었다. 왜 교회 시대에 성막을 만드는가? 왜 복음의 수레 바퀴를 율법의 시대로 거꾸로 돌리려고 하는가? 왜 신약 시대를 구약 시대로 돌리려 하는가? 왜 예수 피의 시대에 짐승의 피를 뿌리려고 하는가? 왜 기독교 시대에 유대교를 들추어내는가? 왜 예배 시대를 제사 시대로 돌리려고 하는가?"

이것이 비난의 요지입니다.

한 번도 아니고 계속 저를 공격하였습니다. 폭풍우 칠 때 나가 다니는 개미는 없습니다. 장마가 오고 폭풍이 일어나면 개미는 자기 집 속에 가만히 있습니다. 때를 기다립니다. 날씨가 개이면 그때 밖으로 나옵니다.

저를 공격하는 어두운 그림자가 드리운 시간에 저는 그 공격을 받으며 조금도 변명하지 않았습니다. 폭풍이 끝나기를 기다리는 개미처럼 공격이 끝나기를 기다렸습니다. 드디어 공격이 끝났습니다.

저는 그 신문사에 전화를 하였습니다. 그 기사를 쓴 기자와 통화를 시도하였습니다.

"강문호 목사입니다. 기자님이 공격을 한 강문호 목사입니다. 물어 볼 것이 있습니다. 성막 공부를 얼마나 하셨나요?"

"안 했습니다."

"그런데 성막을 어떻게 그렇게 알지도 못하고 공격하나요?"

"우리 목사님이 설교 시간에 말씀하시는 것을 정리하였습니다."

"좋아요. 그러면 기자님! 한번 만나요. 제가 기자님에게 가려면 성막 책, 성막 자료를 트럭으로 싣고 가야 합니다. 그러나 기자님이 제게 오시면 빈 몸으로 오시면 됩니다. 한번 와 주시겠습니까?"

드디어 그가 우리 교회를 찾았습니다. 저는 그 기자님 한 분을 놓고 성막 세미나를 하였습니다.

"성막은 복음의 뿌리입니다. 예수님의 피의 뿌리가 짐승 피요, 기독교의 뿌리가 유대교요, 성막의 짐승의 죽음은 예수 죽음의 뿌리요, 짐승의 죽음이 예수 죽음의 시작이요, 성막은 율법이 아니라 복음입니다."

저는 성막 전체를 요약하여 강의해 주었습니다.

기자는 눈에 덮인 수건이 점점 벗겨지더니 강의가 끝날 때쯤 되었을 때 감탄을 하면서 말했습니다.

"성막이 예수님이군요."

그 후 그는 지금 나를 사랑하는 기자가 되었습니다.

그러나 비난은 이것으로 끝나지 않았습니다. 모 신학교 조직신학 교수가 목사님들 특강을 하면서 말했습니다.

"성막은 지난 시대 유물이기 때문에 성막론을 A4 용지 5장 이상 쓰고 말하는 사람은 이단입니다."

저는 5장이 아니라 책이 100권 가까이 됩니다. 5장이 아니라 5천 장도 넘습니다. 5장 넘는다고 이단이면 저는 이천단쯤 된다는 말인가요?

저는 무차별 공격을 받았습니다.

❖ 성막 세미나를 시작한 동기

그럼에도 불구하고 진리는 누가 뭐라고 해도 진리였습니다. 성막

이야기는 점점 여기저기 퍼져 나갔습니다. 수시로 우리 교회에 성막을 보러 오는 이들로 바빠지기 시작하였습니다. 오는 분들을 맞아 성막에 대해 설명해 주기가 바쁘게 되었습니다. 나중에는 할 일을 방해받게 되었습니다.

그래서 생각해 낸 것이 성막 세미나입니다.

2

해외 성막 이야기

🌿 네덜란드 성막

　성막이 가장 깊은 나라는 네덜란드라는 이야기를 들었습니다. 네덜란드로 갔습니다. 성막을 찾았습니다.
　운하 옆에 성막을 전시한 "성막의 집"이 있었습니다. 성막을 보는 순간 감격이었습니다. 7분의 1 크기의 성막이었습니다. 금으로 만들어져 있었습니다. 네덜란드 국보 1호라고 누가 이야기해 주었습니다.
　1850년에 만들었다는 것입니다. 다른 나라들은 이미 성막을 연구하고 성막을 만들어 놓았는데, 그때 우리나라는 예수님도 몰랐습니다. 150년 전에 벌써 그렇게 정교하게 만들어 놓은 것에 입을 다물지 못하였습니다.
　저는 박물관장님을 찾아갔습니다. 이유가 있었습니다. 이 성막을 한국으로 옮겨 관람시키고 싶다는 생각이 문득 들었기 때문입니다.

박물관장을 만나서 이렇게 말했습니다.

"관장님! 저는 성막을 연구하기 시작한 한국의 목사입니다. 한국에는 1,200만 기독교인이 있고 목사님들이 10만 명 가량 됩니다. 그런데 성막을 잘 모릅니다. 성막에 대해선 유치원 단계입니다. 그런데 우리나라에서는 성경도 모를 때 네덜란드는 벌써 성막을 연구하고 만들었다는 것이 자랑스럽습니다. 이 성막을 한국에 전시하실 생각은 없으십니까? 한국 목사님들과 성도들이 감탄할 것입니다. 네덜란드의 자랑도 될 것입니다."

그는 웃으면서 말했습니다.

"처음 들어보는 이야기인데요. 그리고 성막을 한 번도 해외로 가지고 간 경험이 없습니다."

나는 이 말을 받아서 재빨리 말했습니다.

"한 번도 안 해보셨으니까 처음으로 경험 한번 해보시는 것이 어떻습니까?"

이 말에 관장님은 껄껄 웃으면서 재미있다는 듯이 말했습니다.

"강 목사님! 정말 신나는 일이겠군요. 그런데 그런 일은 저 혼자서는 결정을 못합니다."

"그런 일은 누가 결정하나요?"

"세 명이 결정해야 합니다. 국보이기에 문화공보부 장관, 성막위원장, 그리고 박물관장, 이렇게 셋이 합의하여야 합니다."

"한번 시도해 보시겠습니까?"

그는 조금 생각해 보더니 확신에 찬 목소리로 말했습니다.

"한번 한국에 성막 전시를 해 보겠습니다. 가셔서 정식 공문을 내 주십시오. 공문을 가지고 세 명이 회의를 하겠습니다. 될 수 있을 것입니다."

하마터면 저는 큰소리를 지를 뻔했습니다.

'할렐루야!'

이 소리를 간신히 참았습니다.

우리는 기쁘게 헤어졌습니다. 저도 꿈이 생기고 그분들도 새로운 일을 시도하는 기쁨을 가지게 되었습니다.

한국으로 돌아와서 저는 즉시 성막을 한국에 전시하고 싶으니 허락해 달라는 공문을 보냈습니다. 기도하며 흥분된 마음으로 기다렸습니다.

조금 후 기다리던 답장이 왔습니다. 한국에 세계 최초의 성막을 전시하도록 빌려 드리자고 네덜란드에서 결정이 났다는 것입니다.

저는 즉시 장로님들을 소집하였습니다. 그리고 이 소식을 알렸습니다. 그리고 네덜란드 성막 전시 추진 위원회를 조직하였습니다. 면밀히 검토에 들어갔습니다.

그런데 문제에 부딪쳤습니다. 흥분도 잠시였습니다. 다음과 같은 문제였습니다.

첫째, 3개월 이상은 한국에 빌려 줄 수 없다는 것이었습니다. 그런데 운반료는 우리가 부담해야 하는데 비행기로 나르자니 3억 원 정도가 들어갔습니다. 배로 나르자니 오는 데 한 달, 가는 데 한 달입니다. 한국 전시는 겨우 한 달뿐입니다.

둘째, 성막 자체가 금으로 되어 있기에 보험료가 상상 외로 비싼 가격이었습니다. 모두 10억 원 정도가 든다는 결론이 나왔습니다.

과연 그 정도 돈을 들여서 할 만한 가치가 있는지 하품이 나올 정도였습니다. 그래도 저는 하고 싶었습니다. 그러나 무슨 일이든지 신중한 우리 장로님들은 저의 의도를 알고 고민하였습니다. 제가 너무나 전시하고 싶어하는데 반대 의견만 내기도 미안하였던 모양입니다. 제가 결론을 내려야 했습니다.

기도 중에 저는 '포기'로 결론을 내렸습니다. 사업하는 집사님이 저에게 항상 말해 주던 속담 같은 교훈이 생각났습니다.

"포기는 배추 셀 때만 쓰시오."

그러나 저는 눈물을 머금고 포기로 결론을 내리고 말았습니다. 허탈하기 그지없었습니다. 그러나 아직은 때가 아닌 줄로 받아들였습니다.

🌱 인도네시아 성막 세미나

1999년 2월 23일부터 25일까지 인도네시아 말랑에서 성막 세미나가 있었습니다.

당시 그곳에는 한국 선교사들이 90명 정도 있었는데, 82명이 참석하는 관심을 보였습니다. 말랑은 인도네시아에서 가장 기후가 좋은 곳입니다. 일 년 내내 난방이 필요없고 냉방이 필요없는 곳입니다. 온화하고 살기 좋은 곳이기에 국제기관들이 그곳에 몰려 있었습니다. 경치 좋은 호텔에서 선교사님들과 행복한 시간을 가졌습니다.

저녁 휴식 시간이었습니다.

14명 정도 잘 알고 있는 선교사님과 산책을 하러 밖으로 나왔습니다. 두리안을 가득 실은 트럭이 앞에서 오고 있었습니다. 선교사님

중에 한 분이 말했습니다.

"그림의 떡이다."

저는 이상하여 물었습니다.

"무슨 말이에요?"

그가 말했습니다.

"저 과일이 두리안인데 너무 비싸서 우리 선교사들은 먹지 못해요."

모두가 그렇다고 동감을 드러냈습니다. 두리안은 열대 지방에서만 나는 과일인데, 구린내가 나서 처음 먹는 사람은 기피하는 과일입니다. 그러나 워낙 맛있고 영양가가 풍부하여 제일 비싼 과일입니다. 우리나라에서 백화점에 들러서 가격표를 보고 저도 놀란 적이 있습니다. 한 개에 10만 원에서 15만 원 정도 하는 과일입니다.

이런 이야기를 하는데 트럭이 앞까지 왔습니다. 저는 반사적으로 트럭을 세웠습니다. 그리고 말했습니다.

"선교사님들! 평생 처음 이렇게 많이 먹었다고 할 정도로, 먹기 싫을 때까지 한번 먹어 보세요."

차를 그늘에 세우고 우리는 둘러서서 두리안을 먹기 시작했습니다. 운전 기사는 신나게 두리안을 갈랐습니다. 두리안을 미처 가르지 못할 정도로 정신없이 먹었습니다. 너무 비싸서 맛만 보는 두리안을 배가 부를 때까지 먹었습니다.

두리안 껍질이 무더기를 이루었습니다. 선교사들을 보내 놓고 후방에 있는 교회들이 넉넉한 선교비를 보내 주지 못하기에, 현지에서 고생하는 모습을 종종 보면서 눈시울이 뜨거워질 때가 있었습니다. 저는 그렇게 신나게, 그리고 즐겁게 먹는 선교사들의 모습을 보면서 한없이 행복감을 느꼈습니다.

누군가 말했습니다.

"이제 더는 못 먹겠다."

"평생 한을 풀었다."

세미나를 마치고 인도네시아 선교사님들은 제 책을 번역, 출판하여 인도네시아 선교 교육 교재로 사용하기로 결의하였습니다. 분담하여 번역하여 한 분이 언어를 통일하기로 하였습니다.

제1편 – 이재정 선교사	제2편 – 어성호 선교사
제3편 – 박성오 선교사	제4편 – 주성웅 선교사
제5편 – 백광현 선교사	제6편 – 홍화영 선교사
제7편 – 김베드로 선교사	제8편 – 금대현 선교사
제9편 – 조은숙 선교사	제10편 – 김화수 선교사

그리고 종합은 김종국 선교사가 하기로 하였습니다.

말랑에서 선교사 성막 세미나를 하게 된 것은 저에게 성막의 시야를 넓혀 주는 계기가 되었습니다.

그곳에 성막 신학교가 있는 것을 발견하였습니다. 수라바야 신학교였습니다. 저는 만사를 제쳐놓고 그곳을 방문하였습니다. 네덜란드 선교사 게르솜 소토포(Gershsom Soetopo) 학장님을 만났습니다.

성막으로 모든 신학을 정리한 신학교였습니다. 그리고 인도네시아에 성막 교회 700곳을 개척하였습니다. 인도네시아에서는 비교적 큰 교단이었습니다. 저는 신기하여 물었습니다.

"나는 성막 신학교, 성막 교단이라는 말을 오늘 처음 들었습니다. 동기가 무엇입니까?"

그의 대답은 저를 확 사로잡았습니다.

할아버지는 네덜란드에서 인도네시아로 파송된 선교사였습니다. 성막에 관해 깊은 분이었습니다. 인도네시아로 와서 성막 복음으로 선교하기 시작하였습니다. 한 명, 두 명 전도한 후 성막을 가르치기 시작하였습니다.

그때 중국인 갑부 한 사람이 위암으로 죽을 날만을 기다리고 있었습니다. 어느 날 예배 시간에 그분을 앞으로 데리고 왔습니다.

선교사가 물었습니다.

"무엇을 원하십니까?"

"낫기를 원합니다."

"내가 기도하면 나을 것을 믿습니까?"

"모르겠습니다."

"못할 것이 없는 하나님께 기도하겠습니다."

그리고 손을 얹고 기도하였습니다. 그 자리에서 고침을 받았습니다. 그 부자는 이제는 선교사만 따라다니면서 도와주기 시작하였습니다. 그도 선교사가 된 것입니다. 죽기까지 성막 복음만을 전하겠다고 헌신하였습니다. 오래 살았습니다. 그는 하나님 앞으로 가면서 말했습니다.

"제 재산을 하나님께 드립니다. 성막을 전하는 학교를 세워 주세요."

그래서 성막 신학교가 세워지게 되었습니다. 그후 졸업생들이 인도네시아 전역으로 퍼져 나가 교회를 세워서 700개의 교회를 이루었습니다.

지금은 손자가 학장으로 일하고 있습니다. 교수들 모두가 서울 우리 교회를 방문하여 하룻밤을 같이 지냈습니다.

🌿 미국 성막 세미나

미국에서는 성막 세미나가 수십 번 있었습니다. 워싱턴, 로스앤젤레스, 뉴욕, 시카고, 시애틀, 포코노, 샌디에이고 등에서 일 년에 두세 차례 계속되었습니다.

지금까지 남는 인상 깊은 세미나가 있습니다.

🌿 뉴욕 성막 세미나

뉴욕에서는 성막 세미나가 여러 번 있었습니다. 첫 세미나가 1995년 10월 11일부터 13일까지 있었습니다. 크리스천아카데미에서 가진 세미나는 뉴욕을 열어주는 특이한 세미나였습니다.

20명이 모였습니다. 그러나 너무나 즐거웠습니다. 세미나를 마치고 뉴욕 성막 복음선교회가 조직되었습니다.

참석하였던 목사님들은 정기적으로 모여서 성막을 연구하고 자체 세미나를 하였습니다. 그리고 성막의 대가인 폴 제어 박사를 초청하여 성막 세미나를 열면서 성막의 질을 높이기 시작하였습니다.

그리고 가끔 미국 목사님들을 위하여 성막 세미나도 열었습니다. 10년이 넘은 지금도 활발하게 움직이고 있습니다.

2004년 5월 25일부터 27일까지 열린 오렌지카운티에서의 성막 세미나도 잊을 수 없습니다.

제 생일이 음력으로 5월 26일입니다. 그런데 그곳에서, 제 생일이 양력으로 5월 26일인 줄 알고 저에게 물어 보지도 않고 생일 파티 준비를 잘 해놓았습니다. 저에게 깜짝 쇼를 한다고 말도 하지 않았습니다. 100여 명 이상이 모인 세미나였습니다. 미국에서 100명은 한국에서 500명쯤에 해당되는 수입니다.

오전 시간을 마쳤는데 목사님이 말했습니다.

"목사님! 지금 나가시면 생일 파티가 준비되어 있습니다. 점심을 모두 목사님 생일 파티로 준비하였습니다."

저는 놀라서 목사님 귀에 대고 작은 소리로 속삭였습니다.

"목사님! 오늘이 5월 26일은 맞는데 제 생일은 음력이에요. 양력으로는 7월 12일이에요."

목사님은 잘하느라고 하였는데 이상하게 된 것에 대하여 놀라며 말했습니다.

"강 목사님! 이왕 이렇게 된 것이니 교인들 실망하지 않게 모르는 척하고 생일 선물을 받으세요."

그래서 할 수 없이 성막 세미나 중에 제 생일을 맞게 되었습니다.

"생일 축하합니다."

노래를 부르며 촛불을 끌 때 저 혼자 멋쩍어 할 뿐 모두가 즐거워했습니다. 정말 인상 깊은 생일이었습니다. 먼 이국에서 성막 세미나에 참석한 목사님들이 제 생일을 진심으로 축하해 주셨습니다. 성막 세미나 분위기가 더 좋아졌음은 말할 것도 없었습니다.

돌아와서 성도들과 생일 파티를 다시 하였습니다. 두 번 생일 파티를 멋지게 한 해였습니다. 그렇다고 두 살 더 먹지는 않았습니다.

❦ 하와이 성막 세미나

   1993년 11월 15일부터 17일까지 하와이 호놀룰루에서 있었던 성막 세미나도 잊을 수가 없습니다.
   세미나를 마치고 성 다미엔이 문둥병자들을 돌보다가 문둥병에 걸려 죽은 몰로카이 섬을 견학한 것은 평생 잊을 수 없습니다.
   하나님은 그때그때마다 필요한 사람을 들어 쓰셨습니다. 몰로카이 문둥병자들을 위하여 위대하게 사용하신 사람이 있으니 바로 다미엔(Damien)입니다. 저는 다미엔에 대하여 많이 듣고 여러 차례 말해 왔으나, 그가 하와이 132개 섬 중의 하나인 몰로카이 섬에서 일했다는 것은 몰랐습니다.
   우연은 없습니다. 하나님의 손길이 있었습니다. 세미나를 마치고 집으로 가려는데 비행기 표가 없었습니다. 예약을 했는데도 잘못되었습니다. 2등 표도 없어서 3일 시간적인 여유가 생겼습니다.
   빨리 집으로 돌아가지 못하게 하시는 하나님의 마음을 얼른 읽을 수가 있었습니다. 저는 다미엔이 문둥병자들을 위하여 일하다 문둥병에 걸려 죽은 카라우파파에 가보기로 하고 비행기 예약을 하였습니다. 바울을 아시아로 못 가게 하신 하나님이 마게도니아로 문을 여신 것을 생각하였습니다.
   마침 미국에서 살고 있던 아내가 하와이로 왔습니다. 바이올라 대학에서 심리학을 공부하고 있는 딸도 왔습니다. 같이 가기로 하고 세 자리를 예약하였습니다. 저는 영어에 능숙하지 못하기에 영어에 능숙하여 통역할 딸을 데리고 간다고 생각하니, 더욱 마음이 설레었습니다.

그런데 문제가 생겼습니다.

우리 셋은 미국에서의 만남을 기뻐하면서 고기 반, 물 반이라는 하나우마 해수욕장에 갔습니다. 고기와 사람이 같이 해수욕을 즐기는 신비한 곳이었습니다. 법적으로 고기를 잡을 수 없는 곳이었습니다.

저는 장난으로 큰 고기 한 마리를 잡았습니다. 순간 놀란 고기가 솟구치며 손에서 빠져 나가다가 제 손가락에 깊은 상처를 냈습니다. 시뻘건 피가 쉬지 않고 흘렀습니다. 해변으로 나와 안전요원의 응급 처치를 받고 귀가하였습니다.

"아빠! 문둥병 균은 상처를 통하여 감염되는 건데 가지 마. 무서워!"

딸은 아빠를 끔찍이 생각하고 있었습니다. 아내가 덩달아 맞장구를 쳤습니다.

"여보! 가지 않는 것이 좋겠어요. 만일 문제가 생기면 어떻게 해요"

그러나 저는 포기할 수 없었습니다. 그래서 가는 것에 대하여는 더 이상 말하지 말고 대비책만 강구하도록 단호하게 말했습니다. 더 이상 내 고집을 꺾을 수 없음을 알았는지 아내와 딸은 밖으로 나가더니 붕대, 반창고, 고무장갑 등 무장 도구를 사들였습니다.

카라우파파에서 식사를 하는 관광객은 한 명도 없다는 것입니다. 문둥병자들만 살고 있는 곳에서 누가 식사를 하려고 하지 않았습니다. 그래서 식당이 단 한 곳도 없다는 것입니다. 물론 균의 감염을 두려워하면서 물 한 모금도 마시는 이가 없다는 것이었습니다. 그래서 그곳을 방문하는 이들은 모두가 도시락은 물론 물까지 준비해야 한다고 합니다. 그래서 밤에 물을 사고 도시락을 맞추어 놓았습니다.

드디어 날이 밝았습니다.

7시 25분 비행기이기에 와이키키 해변에 우리가 묵고 있는 리졸트 호텔에서 6시 30분에는 출발해야 합니다. 그런데 딸이 이불을 뒤집어쓰고 일어나지 않았습니다. 자기는 무서워서 도저히 못 가겠다는 것이었습니다. 포기할 테니 더 이상 말하지 말아 달라고 딱 잡아떼었습니다.

"문둥병자들과 접촉하지 않으면 되는데 뭐가 무섭니? 그리고 지금까지 그곳에 갔다 온 사람치고 문둥병에 걸린 사람은 한 명도 없다."

저는 야단을 쳤습니다. 그러나 딸은 "아빠! 문둥병 균이 무서운 것이 아니라 고양이가 무서워!"라고 말했습니다.

그곳에 다녀온 이들이 카라우파파에는 고양이가 많다고 말해 주었습니다. 문둥병 환자들이 아이를 낳으면 정부에서 즉각 빼앗아 갔는데, 이는 자녀까지 문둥병에 걸리게 하는 것을 막기 위해서였습니다. 그래서 너무나 외로운 그들은 고양이를 많이 길렀습니다.

그러다가 죽으면 고양이만 남게 됩니다. 그래서 고양이가 무척 많다는 것입니다. 안내원 리처드의 집에는 고양이만 20마리가 된다고 말해 주었습니다. 딸은 혼자 오래 살아서 그런지 고양이를 무척 무서워하였습니다. 생각만 해도 소름이 끼친다고 하였습니다. 시간이 흐르고 있는데도 이불을 뒤집어쓰고 꼼짝하지 않는 딸의 모습을 보고, 저는 통역자를 잃었다는 아쉬움이 스쳐갔습니다.

아내에게는 자유 선택권을 주었습니다. 나를 따라오든가, 딸과 남아 있든가 택일을 하라고 하였습니다. 저는 은근히 저를 따라나서기를 바랐습니다. 그러나 그 소망도 헛것이었습니다.

자기도 도저히 용기가 나지 않는다고 솔직히 고백하였습니다. 그러고 보니 어제까지 제 손가락의 상처로 문둥병 균이 들어갈까 두려우니 가지 말라고 한 것은, 사실은 저를 생각해서 그런 것이 아니라 자기들이 가기 싫어서 그런 것인, 위장이었음이 드러났습니다.

어차피 인생은 혼자 개척하여 나가는 것임을 절감하였습니다. 같이 쌌던 도시락을 제 것만 분리해 싸주는 아내와 딸을 멀리하고 저는 혼자 나섰습니다.

몰로카이로 가는 비행기를 보는 순간 저는 기가 막혔습니다. 18명 타는 조그만 경비행기였습니다. 40명 타는 버스의 반 크기였습니다. 다섯 자리가 비었으니 모두 13명이 탔습니다.

조종사는 저에게 영어를 할 줄 아느냐고 물었습니다. 저는 조금 한다고 대답하였습니다. 그는 13명 모두도 들으라고 하면서 큰소리로 제게 말했습니다.

"당신 옆에 있는 이 문이 비상구입니다. 저 앞에 빨간 불이 켜지면 이 비상구 문 손잡이를 앞으로 잡아당기십시오. 그리고 당신부터 밑으로 뛰어내리셔야 합니다."

조그만 비행기는 요란한 굉음을 내면서 하늘로 치솟았습니다.

금방 와이키키 해변이 내려다보였습니다. 곧 손가락을 다친 하나우만 베이가 대야처럼 보였습니다. 25분 정도 만에 비행기가 공항에 도착하였습니다.

저는 이 비행기가 카라우파파로 가는 비행기라고 들었습니다. 그런데 나중에 알고 보니 12명은 몰로카이 관광을 가는 이들이었고, 저 혼자만 카라우파파에 가게 되어 있었습니다. 그래서 이 비행기는 카우나카카이(Kaunakakai) 공항을 들른 것이었습니다. 다 내리기에 저도 내렸습니다. 다미엔 마을인 카라우파파에 가는 비행기라고 들었으니 그곳인 줄 알았습니다.

제 일정을 마련해 준 분은 공항에 비행기에서 내리면 차가 저를 기다리고 있을 것이라고 알려주었습니다. 그러나 저를 기다리고 있는 차는 없었습니다. 무엇인가 이상하였습니다. 저는 공항 직원 중 한 명인 50대쯤 된 흑인 여자에게 이곳이 다미엔 마을인지 물었습니다. 그는 다미엔 마을을 가려면 비행기를 타지 않으면 도저히 갈 수 없는 절벽 밑이라고 말했습니다. 제가 비행기 표를 보여주면서 나는 카라우파파에 가는 길이라고 말해 주었습니다.

비행기 표를 본 직원은 막 웃으면서 "왜 이 비행기 표를 가지고 가만히 앉아 있지 내렸느냐"고 책망을 하였습니다. 이제 그 비행기는 떠나 버렸으니 세 가지 중에 하나를 선택하라고 하였습니다.

하나는 집으로 다시 돌아가든가, 아니면 차를 빌려서 30분 가량 가서 다미엔 마을인 카라우파파를 벼랑에서 내려다보든가, 꼭 보아야겠다면 250달러를 내고 비행기를 다시 타라는 것이었습니다. 비행기로 불과 5분 거리인데 벼랑 밑이기에 비행기를 타야만 했습니다.

할 수 없었습니다. 제 잘못이니, 저는 꼭 보아야겠다면서 250달러라도 낼 터이니 데려다 달라고 요청하였습니다. 흑인 여자는 조금 기다리라면서 공항 안으로 들어갔습니다.

조금 후에 나온 그는 검은 입술 사이로 흰 이를 드러내며 활짝 웃으면서 말했습니다.

"당신은 오늘 하나님의 행운을 받았군요. 다른 곳으로 가는 비행기가 당신을 그곳에 데려다 주고 가기로 하였습니다. 물론 무료입니다."

저는 혼자서 비행기를 탄 것이 처음이었습니다. 그것도 무료였습니다. 고맙게도 그 비행기는 저 하나를 태우고 공중으로 치솟았습니다. 곧 절벽이 나타났습니다. 그 밑에 조그맣게 깎아지른 듯한 절벽 밑에 있는 카라우파파 전경을 보았습니다. 일단 문둥병자들이 이곳으로 이송되면 도망갈 길이 없었습니다.

눈깜짝할 사이에 비행기는 카라우파파 비행장에 저를 내려놓고 떠났습니다. 그렇게 고마울 수가 없었습니다.

시골 기차역 같은 공항 밖으로 나가자, 저를 제일 먼저 반기는 것은 고양이였습니다. 제가 들고 있는 가방 속에서 도시락의 고기 냄새를 맡고 사정없이 달려드는 것이었습니다. 저는 그렇게 결사적인 고양이를 전에 본 적이 없었습니다. 굶주림의 강도가 고양이의 태도에서 나타났습니다.

40인승의 크고 노란 버스가 저를 기다리고 있었습니다. 안내하는 이가 타고 있었습니다. 그의 아버지가 다미엔과 같이 일했습니다. 안내자로 일하고 있는 리처드는 그 섬에서 다미엔에 대해 제일 잘 알고 있는 이였습니다. 눈썹도 없었습니다. 손가락도 떨어져 나갔습니다. 얼굴도 주름살로 가득하였습니다. 나이도 70세 가까이 되어 보였습니다.

공항을 빠져 나오자마자 오른쪽에 공동묘지가 나타났습니다. 수많은 묘들이 끝없이 펼쳐져 있었습니다. 다미엔이 이곳에 와서 제일 먼저 한 것은 죽은 문둥병자들을 땅속에 묻어 주는 일이었습니다. 문둥병자들은 대부분이 손가락이 떨어져 나가고 발가락이 없기에 연장을 사용할 수가 없고, 땅을 파고 일을 할 수가 없었습니다. 죽은 이들을 장례 지내는 것은 다미엔이 혼자서 도맡아야 했습니다. 시체를 쌓아 놓고 장례를 시낸 적도 있었다고 합니다. 다미엔이 얼마나 고생하였는지 무덤만 보아도 짐작이 되었습니다.

하와이 섬은 태평양 한가운데 있는 섬입니다. 바닷속으로부터 화산이 폭발하여 132개의 섬이 되었습니다. 망망한 바다 가운데 있어서 바람만 한번 불어도 공해는 다 날아가 버리기에 공기가 깨끗하고, 기후가 일 년 열두 달 좋아서 천국보다 더 좋은 곳이라고 말해 왔습니다.

하와이 사람들은 일찍부터 이렇게 말해 왔습니다.

어떤 사람이 천국에 가보니 하나님께서 사람들을 줄로 굴비 엮듯이 묶어 놓았습니다. 한 사람이 하나님께 물었습니다.

"하나님! 왜 천국에서까지 저렇게 사람을 묶어 놓았습니까?"

하나님께서 말씀하셨습니다.

"글쎄, 저놈들이 하와이에서 온 놈들인데 하와이가 천국보다 더 좋아서 도로 하와이로 간다고 해서 묶어 두었다."

이 정도로 하와이는 좋은 곳이었습니다.

그런데 1830년 중국 상선이 한번 다녀간 후에 문둥병자가 생겼습니다. 그 병균은 '사람만 살기 좋으냐? 나도 살기 좋다' 라는 식으로 번져나가기 시작하였습니다. 어느 누구도 그 문둥병이 번지는 것을 막을 수가 없었습니다. 급속도로 퍼진 문둥병은 수많은 사람들의 생명을 앗아갔습니다.

1832년 하와이 인구는 124,049명이었습니다. 그러나 1860년에는 66,894명으로 줄었습니다. 문둥병이 어느 정도 심하였는지 짐작이 되고도 남습니다.

이런 중에 카메하메하(Kamehameha)가 132개 섬을 모두 통일하고 첫 왕이 되었습니다. 카메하메하는 문둥병자 때문에 고민에 빠졌습니다. 정부 예산의 10%를 문둥병자의 치료와 돌봄에 사용하여도 막을 수가 없었습니다.

　할 수 없이 그는 문둥병자들을 포기하기로 작정하고 격리법을 만들었습니다. 문둥병은 병이 아니라 하나님의 저주라고 전하기 시작하였습니다. 그래야 문둥병자들을 가혹하게 다룰 수 있었기 때문입니다. 문둥병자들을 격리하여 가둘 곳을 찾기 시작하였습니다. 가장 좋은 곳이 카라우파파라는 결론을 내렸습니다.

　입구는 있어도 출구가 없었습니다. 세 가지 조건이 좋았습니다.

　첫째, 뒤에는 600m 되는 절벽이 있어서 병자들이 도저히 기어오를 수 없게 되어 있었습니다. 건강한 사람도 올라갈 수 없는 절벽이었습니다.

　둘째, 앞바다는 상어 떼가 극성을 부리고 있었습니다. 도망가려는 사람은 상어밥이 되었습니다.

　셋째, 카라우파파는 땅도 그리 크지 않아서 통제하기가 좋았습니다.

　이런 조건들로 인해 카라우파파는 문둥병자를 격리하기에 제일 적격인 곳으로 선택되었습니다.

　문둥병자들의 수송 작전이 시작되었습니다. 1866년 1월 6일 제일 먼저 카라우파파로 쫓겨난 문둥병자는 남자 9명에 여자 3명, 모두 12명이었습니다. 같은 해 10월 1일에는 남자 101명, 여자 41명이 감금되었습니다. 그 후에는 완전 격리라는 차원에서 문둥병자로 의심만 되어도 카라우파파로 보내졌습니다. 이들에게는 10일치 양식이 주어지는 것이 전 재산이었습니다.

배로 문둥병자들을 실어 해변으로 와서 내려놓으려 하면, 그들은 죽음의 땅으로 내리려고 하지 않았습니다. 그러면 대나무로 만든 죽창으로 몸을 찔러 바다로 던져졌습니다. 그러면 피 냄새를 맡고 상어 떼들이 덤벼들었습니다. 굶주린 상어들이 달려들어 삽시간에 잡아먹었습니다.

항구 시설이 되어 있지 않기에 배를 육지까지 바짝 댈 수는 없었습니다. 그래서 어느 정도에서 문둥병자들을 바다로 떨어뜨리면 그들은 육지까지 헤엄쳐 가야 했습니다. 가다가 도중에 상어 밥이 된 이들도 많았습니다. 육지까지 다행스럽게 헤엄을 쳐 나온다 하더라도 아직은 살았다고 안심할 수가 없었습니다. 먼저 온 문둥병자들이 10일분의 양식을 빼앗으려고 죽이는 일이 허다하였기 때문입니다.

점점 문둥병자들이 늘어나서 7,000명을 헤아리게 되었습니다. 그리고 믿음이 있는 문둥병자들이 모여서 예배드리는 곳이 생겼습니다. 그러나 손발이 정상이 아닌 그들이라 성전을 짓지는 못하였습니다. 또 어느 성직자도 와서 예배드려 주려 하지 않았습니다. 그들은 복음에 굶주려 있었습니다.

다미엔이 카라우파파의 성자가 된 동기가 있습니다.

카라우파파가 있는 몰로카이 섬에서 빤히 보이는 섬이 마우이 섬입니다. 그 섬에 있는 와일루쿠(Wailuku)에 천주교에서는 성 안토니(St. Anthony)를 기념하는 성전을 6년에 걸려서 완성하였습니다. 성전 봉헌식 날짜를 1873년 5월 4일로 잡고 많은 신부들이 모여들었습니다. 성대한 봉헌 예배를 드리고 하와이 주교 메그레(Maigret)는 카라우파파에 있는 문둥병 환자 성도들을 위하여 어떻게 해야 할지를 의논하게 되었습니다.

예수님은 병은 미워하셨지만 병자는 사랑하셨는데, 카라우파파에 버려지는 영혼들을 그냥 버려둘 수만은 없다는 데 결론을 내렸습니다. 그래서 그 자리에 어떻게 할 것인지 의논하였습니다. 이 의견, 저 이야기 끝에 네 명의 신부들이 3개월씩 교대로 가서 하나님께 예배드리며 그들에게 천국의 소망을 불어넣기로 하였습니다. 한 사람이 계속 상주하며 집례하는 것은 지극히 위험하고, 또 그럴 지원자가 없다는 데 뜻을 같이하였습니다. 그때 다미엔이 네 명 중의 한 명으로 임명되었습니다.

다미엔은 그곳에서 일하다가 어느 날 하나님으로부터 확실한 소명을 느끼게 되었습니다. 그래서 아예 그의 전 생애를 불쌍하고 외로운 병자들을 위하여 바치기로 서원하였습니다.

그는 곧 결단의 편지를 썼습니다.

"저는 문둥병자들을 위하여 제 생애를 바치기로 하나님께 약속하였습니다."

이 소식이 전해지자 호놀룰루 신문들은 일제히 이 소식을 대서특필하였습니다. 그리고 다미엔을 '몰로카이의 영웅'이라고 불러주기 시작하였습니다. 이렇게 하여 다미엔은 몰로카이에서 살면서 문둥병자들을 돌보는 첫 목자가 되었습니다.

1873년 다미엔이 33세 되던 해였습니다. 어쩌면 예수님의 십자가 지시던 해를 하나님은 기다리고 계셨는지도 모릅니다.

다미엔은 카라우파파에 도착하자마자 첫날 밤 잘 곳이 없었습니다. 먼저 도착한 문둥병자들도 집이 없었기 때문이었습니다. 그래서 그들은 땅을 파고 그 위에 나무로 지붕을 걸치고 살고 있었습니다. 문둥병으로 떨어져 나간 손으로는 도저히 집을 지을 수가 없었습니다. 그래서 다미엔은 판다너스(pandanus)라는 나무 밑에서 잤습니다. 공교롭게도 다미엔이 1889년에 세상을 떠났을 때 바로 그 나무 밑에 잠들게 되었습니다. 판다너스 나무는 다미엔의 시작이자 마지막이었습니다.

다미엔은 카라우파파에서 문둥병자들을 본격적으로 돌보기 시작하였습니다. 그러나 처음에는 문둥병에 감염될까 두려워서 문둥병자들과 멀리 떨어져 살았습니다. 하지만 멀리서는 도저히 문둥병자들을 돌볼 수 없음을 알고는 아예 문둥병자들 곁에 자기 집을 지었습니다.

한때는 문둥병자들이 한꺼번에 많은 수가 죽은 적이 있었습니다. 다른 문둥병자들은 도저히 시체를 묻기 위한 삽질을 하기도 불가능하였습니다. 손이 마비되고 손가락이 떨어져 나갔기 때문입니다. 그래서 다미엔 혼자 장례를 치러야 했습니다. 시체를 쌓아 두고 한 구 한 구 묻어 가다가 지쳐서 쓰러진 적도 있었습니다.

저는 다미엔이 손수 지은 성 필로메나(Philomena) 성전에 들어가 기도하였습니다. 눈물이 핑그르르 돌았습니다. 도와주는 이 없이 혼자서 지은 건물이었습니다. 본래 다미엔은 1840년 벨기에의 농촌 트레멜루(Tremeloo)에서 농부의 아들로 태어났습니다. 8남매 중의 하나였습니다. 아버지는 머리가 영특한 다미엔을 프랑스 농과대학에 보내어 농장을 경영하는 농장주가 되기를 바랐었습니다. 그러나 다미엔은 아버지의 뜻을 거절하고 목회자가 되었습니다. 그의 손으로

700명 이상의 문둥병자를 땅에 묻었습니다.

문둥병 말기가 되면 피가 나오고 가래가 나와서 성전에서 한 시간 예배드릴 때에도 여러 번 들락날락해야 했습니다. 그래도 좀 성한 문둥병자들은 같이 앉기를 거절하였습니다.

다미엔은 기발한 생각을 하였습니다. 성전을 기역(ㄱ)자로 지었습니다. 그래서 정면에는 그래도 성한 문둥병자들을 앉혔습니다. 그리고 강대상에서 오른편으로는 말기 환자들이 앉게 하였습니다. 그 부분의 마루 밑에는 구멍에 뚫려 있었습니다. 문둥병 말기 환자들은 이쪽에 앉아서 예배를 드렸습니다. 하나님께 예배드리러 갈 때에는 언제나 바나나 잎을 대롱처럼 말아가지고 들어갔습니다. 예배 도중에 가래나 피가 나오면 바나나 잎 대롱에 뱉어서 구멍을 통하여 밑에 떨어지게 하였습니다. 지금도 마루 밑에는 구멍이 뚫린 채로 있었습니다.

그 곳에서 예배드린 환자들은 하늘나라가 머지않은 이들이었습니다. 그러나 다미엔의 소망의 설교를 듣는 것이 유일한 기쁨이요 낙이었습니다.

또 한 가지 제 가슴을 뭉클하게 하는 것이 있었습니다. 성전 벽에 구멍이 있었습니다. 그리고 그 주변에는 핏자국이 늘 있었다고 합니다. 지금은 깨끗하게 페인트칠이 되어 있었습니다. 그런 비극 속에서도 하나님께 헌금을 드리려고 눈이 먼 문둥병자들이 더듬어서 헌금을 넣는 구멍이었습니다. 헌금 구멍을 찾으려면 손이 피투성이가 되었다고 합니다.

처음에는 건강한 사람에 대한 혐오감에 가득 차 있던 문둥병자들이 다미엔을 경계하기도 하였습니다. 그리고 자기들을 위하여 애써 주는 것을 고맙게 느끼면서도 언제나 거리감이 있었습니다. 그러나 세월이 흐를수록 점점 더 다미엔을 사랑하게 되었습니다. 이제는 다미엔이 없이는 못 살 정도로 되었습니다.

다미엔은 죽은 문둥병자의 시체를 묻는 일, 집을 짓는 일, 성전을 짓는 일, 농사일 등 닥치는 대로 혼자 해나가야 했습니다.

때로는 의사가 되어야 했고, 때로는 간호사가 되어야 했습니다.

다미엔은 문둥병자들의 음식이 모자랄 때에는 600m나 되는 산을 넘어 이웃 마을에 가서 먹을 것을 구하여 굶주린 문둥병자들을 먹였습니다. 호놀룰루나 타지에서 구호품이 오기도 했지만 모자랄 때가 더 많았습니다. 주는 이는 언제나 많이 주는 것 같고, 받는 이는 언제나 부족한 법이었습니다.

어느 날 호놀룰루 본부를 다미엔이 방문한 적이 있었습니다. 중요한 정보를 주었습니다. 몰로카이 동네 사람들이 다미엔이 음식을 구하러 오기만 하면 잡아 감옥에 가두려고 기다리고 있다는 정보였습니다. 문둥병 균을 옮기는 사람이 될지도 모르기 때문에 동네 사람들은 다미엔을 두려워하고 있었습니다. 문둥병자들이 살고 있는 카라우파파를 살리기 위하여 자기 동네에 문둥병 균을 옮길 수는 없다는 것이 그들의 주장이었습니다.

심지어는 이런 일도 있었습니다. 1873년 9월 신부 모데스테 화벤스(Modeste Favens)가 카라우파파를 찾았습니다. 다미엔이 일하고 있는 모습을 실제로 보기 위한 것이었습니다. 그러나 그는 문둥병에 걸릴까 두려워 배에서 내리지 않았습니다. 그리고 다미엔의 접근도 허락하지 않았습니다. 멀리 배를 두고 말하게 하였습니다. 서로 목이 터져라 크게 말해야 했습니다. 물론 화벤스는 말을 들어주고 말해 주는 이를 옆에 두고 있었습니다.

　아버지, 어머니가 다 문둥병자인 경우 자녀를 낳았을 때 자녀는 문둥병자가 아닙니다. 그러나 같이 살면 어느 땐가는 반드시 문둥병자가 되고 맙니다. 그래서 문둥병자들이 아이를 낳으면 낳자마자 격리시켰습니다. 정부에서는 그 아이를 육지로 데리고 갔습니다. 그때 부모의 심정은 참담하기 그지없었습니다.
　그래서 불가피하게 다미엔은 고아원을 세웠습니다. 말이 고아원이지 아이들을 데려다가 기르고 부모들과 멀리서나마 만나게 하는 곳이었습니다.
　부모들도 자녀가 다른 섬으로 갔다는 것보다 같은 곳에 같이 살고 있다는 데 행복감을 느끼기 시작했습니다. 그러나 문제는 물질이었습니다. 그 많은 식구들을 먹여 살려야 하는 다미엔의 노력은 피눈물 나는 것이었습니다.

　1881년 가을이었습니다.
　다미엔은 왼쪽 발에 통증을 느꼈습니다. 그러더니 점점 이상 증세가 나타나기 시작했습니다. 1882년 말에서 1883년 초에는 고통이 계속 이어졌습니다. 무엇인가 올 것이 왔다는 생각이 스쳐갔습니다. 1873년에 들어왔으니 10년 만에 생긴 일이었습니다.
　1885년 호놀룰루로 나와 병원에서 진단을 받았습니다. 예상했던 대로 문둥병자라는 선언을 받았습니다. 다미엔은 그의 운명을 조용히 받아들였습니다. 육체적 고통이 정신적인 고독으로 번졌습니다. 그는 친구들에게 몹시 외롭다는 편지를 썼습니다.

다미엔은 극심한 고독 속에 호놀룰루에 있는 카카아코(Kakaako) 병원에 입원하여 치료를 받았습니다. 1866년 초였습니다. 사람들은 카라우파파에 있는 문둥병자들을 버려두고 자기만 살려고 한다며 비난하였습니다. 이것이 다미엔의 마음을 가장 아프게 한 말이었다고 그는 후에 고백하였습니다.

사실은 다미엔이 병원에 입원한 것은 자기 병을 치료받기 위함이 아니었습니다. 다미엔은 오랜 경험으로 문둥병은 불치병임을 누구보다도 더 잘 알고 있었습니다. 다미엔은 자기가 못 다한 일을 누구에겐가 맡기고 싶어하였습니다. 마침 듀턴이 지원하였고, 마리안네(Marianne) 수녀가 자원하여 같이 일하고 있었습니다.

다미엔은 대부분의 시간을 마리안네와 지내면서 자기가 못 다한 일을 위임하기 시작하였습니다. 죽음의 그림자가 점점 진하게 다가옴을 분명히 알고 있었기 때문입니다.

1886년 7월 29일 다미엔은 치료를 포기하고 자기가 사랑하는 카라우파파로 돌아왔습니다. 그리고 무슨 일이 일어났는지 아직 모르고 있는 그들 앞에 섰습니다. 그러고는 조용히 말했습니다.

"지금까지 저는 여러분에게 하나님은 당신들을 사랑한다고 말해 왔습니다. 그러나 저는 오늘 다른 설교를 할 수 있어서 하나님께 감사드립니다. 하나님은 우리를 사랑하십니다. 저도 여러분처럼 문둥병자가 되었습니다. 누구보다도 저는 당신들을 더 잘 이해하게 되었습니다."

이 설교로 거기에 모여 있던 문둥병자들은 3,000볼트의 전기가 통하는 듯한 전율을 느꼈습니다. 1886년 하와이 주청사에서는 다미엔에게 그동안의 활동을 정리해 달라고 부탁하였습니다. 병석에서 다미엔은 그동안의 일들을 50페이지로 정리하여 남겼습니다.

1889년 2월에 접어들었습니다.
다미엔의 건강이 급속도로 악화되어 가고 있었습니다. 견딜 수 없을 정도의 통증이 계속되었습니다. 피부에 반점도 나타났습니다. 이제는 더 이상 설교도 할 수 없었습니다. 목소리도 거칠어졌습니다. 잠도 제대로 잘 수 없는 아픔이 계속되었습니다.
3월 24일부터는 죽음을 준비하기 시작했습니다.
주변 사람들이 교대로 다미엔의 곁을 떠나지 않고 지켰습니다. 4월 2일 남기고 싶은 말을 남기게 하였습니다. 다미엔은 조용히 마지막 말을 하였습니다. 그후 더 이상 말을 하지 못했습니다. 그것은 다음과 같은 감사의 말이었습니다.

> 얼마나 좋으신 하나님이신지!
> 제가 일할 수 있도록 긴 시간을 주셨습니다. 제 곁에는 너무나 좋으신 분들이 많이 있군요……. 저는 지금 필요한 것이 아무것도 없습니다. 저는 천국으로 갑니다.

다미엔은 이 말을 하고 나서 약 두 주간 동안 죽음과 삶 사이를 오락가락하였습니다. 4월 13일부터는 혼수 상태였습니다. 고난 주간이 시작된 월요일 4월 15일, 다미엔은 그토록 사랑했던 문둥병 환자들을 남기고 하나님 곁으로 갔습니다. 그의 얼굴에는 미소가 그대로 남아 있었습니다. 마치 갓난아이가 잠자듯이 고요한 모습을 남겼습니다. 다미엔의 나이 49세였습니다.

그는 평소에 고난 주간에 죽기를 기도했었습니다. 그의 기도가 그대로 이루어진 것이었습니다.

그의 시신은 판다너스 나무 밑에 묻었습니다. 그가 카라우파파에 왔을 때 첫날밤을 지냈던 나무였습니다. 그러나 그것도 잠시였습니다. 47년이 지난 1936년이었습니다. 벨기에에서는 자기 나라의 성자 다미엔을 자기 나라로 모시고 와야 한다는 여론이 비등하기 시작하였습니다.

벨기에 왕 레오폴드(Leopold)는 다미엔의 시신을 가지고 가려 하였습니다. 그러나 카라우파파 문둥 환자들이 그 시신을 줄 리가 없었습니다. 막무가내였습니다. 벨기에 정부는 루스벨트 대통령에게 요청하였습니다. 정치적인 문제가 되었습니다. 그리고 카라우파파 사람들을 설득하였습니다.

"우리나라 사람을 당신들이 그토록 오래 독차지한 것만도 감사한 것이 아닙니까? 우리나라 사람들도 다미엔을 가지고 싶어하는 것을 이해하시고 시신을 주시기 바랍니다."

이 말을 듣고 카라우파파 문둥병 환자들은 자기들만의 욕심을 포기하고 다미엔의 시신을 내주었습니다. 그러나 다미엔의 시신이 옮겨지던 날 카라우파파는 통곡의 바다가 되었습니다.

누가 그렇게 말했는지, 언제부터 전해 내려왔는지 아무도 모르는 말들이 하와이 섬 전체에 돌기 시작하였습니다. 다미엔의 시신을 옮기면 누군가는 죽는다는 소문이었습니다.

그런데 다미엔의 시신이 벨기에로 옮겨지던 날 이상한 사건이 일어났습니다. 샌프란시스코에서 다미엔의 시신을 옮기려고 배가 대기하고 있었습니다. 그런데 선장이 없어졌습니다. 배가 떠날 시간이 되었는데도 나타나지 않았습니다. 이 잡듯이 뒤졌습니다. 그러나 선장의 모습은 나타나지 않았습니다.

결론은 없었습니다. 아무도 선장이 어디로 갔는지 몰랐습니다. 사고를 당하였는지, 살해되어 암매장되었는지 누구도 모릅니다. 지금까지도 신비입니다.

다미엔의 시신은 이제 벨기에 자기 고향 트레멜루(Tremeloo)에 고이 잠들게 되었습니다. 그러나 카라우파파 사람들은 견딜 수가 없었습니다. 다미엔의 무덤이 없어진 것이 그렇게 허전할 수가 없었습니다. 그래서 리처드를 앞세워서 시신을 다시 가져오려고 갖은 노력을 다하였습니다. 그러나 한번 내준 시신을 다시 가져올 수는 없었습니다. 간신히 타협을 하여 다미엔의 오른쪽 팔뚝만 가져가 묻기로 하였습니다.

그래서 다미엔이 손수 지었던 카라우파파 필로메나 성전 옆에 오른팔만 가져다가 묻었습니다. 그래서 벨기에에는 오른팔 없는 시신이, 카라우파파에는 시신 없는 오른팔이 묻혀 있습니다. 모두가 그를 사랑하기 때문에 일어난 일들이었습니다.

깊은 감격 속에 다미엔의 마을을 살펴보다가 저는 잔디밭에 앉아 점심 도시락을 들었습니다. 고양이들이 냄새를 맡고 몰려들었습니다. 몹시 배가 고픈 것이 누가 보아도 느껴졌습니다.

도시락을 열었습니다. 한 개는 밥이고, 한 개는 반찬이어야 정상이었습니다. 그런데 모두가 고기였습니다. 아내가 하와이에서 분리하면서 잘못한 것이었습니다. 지금 호텔에서 아내와 딸은 밥만 먹을 것입니다. 저는 반찬만 먹어야 했습니다. 할 수 없이 한 개는 아예 고양이 먹으라고 던져 주었습니다.

순식간에 고양이들이 몰려들어 아귀다툼이었습니다. 주인을 잃은 문둥병 환자 가정에서 사랑을 받고 자라던 고양이들이었습니다. 이제는 주인을 잃고 혼자 사느라고 고생스러운 신세라고 생각하니 불쌍하여 견딜 수가 없었습니다.

식사 후 책방에 들렀습니다. 약 20명 가량의 미국인들이 서성이고 있었습니다. 모두가 책을 사지 않았습니다. 왜 그런지는 나중에서야 알았습니다. 문둥병 균이 묻어 있을까 두려워 그랬다는 것입니다.

그러나 저는 있는 책을 모두 한 권씩 샀습니다. 수북이 쌓아 놓은 책을 보면서 주인은 좀 별스러운 사람이라는 듯이 쳐다보며 웃었습니다.

다미엔 마을을 돌아보다가 이상한 것을 발견하였습니다. 그곳에 술집이 꼭 한 군데 있었습니다. "리스 빠"였습니다. 저를 놀라게 한 것은 카라우파파에 술집이 한 곳 있는 것이었습니다.

그런데 경영주가 한국인이었습니다. 약국을 경영하던 한국 여인이 문둥병에 걸려서 이 섬에 오게 되었다는 것입니다. 그는 술집을 만들어 경영하며 생계를 유지하고 있다는 것이었습니다. 세계 어느 곳에 가든지 한국인이 없는 곳이 없다고 하더니, 정말 이런 곳까지 한국인이 있을 줄은 몰랐습니다.

조그만 경비행기가 저를 태우고 이륙하였습니다. 밑에 카라우파파가 한눈에 내려다보였습니다. 병풍처럼 쳐 있는 600m 절벽이 유난스럽게도 험하게 보였습니다. 상어 떼들이 극성을 부리는 바닷물이 더욱 사납게 보였습니다.

'한 사람으로서 그럴 수가 있을까?'

'나도 그렇게 살 수 있을까?'

'49세에 죽으면서도 그런 감동을 남길 수가 있는 것일까?'

'나는 지금 49세인데 그동안 무엇을 했단 말인가?'

카라우파파를 멍하니 내려다보면서 저는 얼빠진 사람이 되어 있었습니다. 갈 때의 강문호가 아니었습니다.

하와이 공항에 아내와 오승남 집사님 내외가 은혜 받고 돌아오는 저를 기다리고 있었습니다. 저는 하와이 주청사로 가자고 하였습니다.

하와이 주청사 앞에는 다미엔의 동상이 세워져 있었습니다. 그리고 하와이 왕의 동상은 주청사 뒤에 세워져 있었습니다. 하와이가 배출한 최고의 사람은 다미엔이며, 다미엔은 하와이의 상징이라는 것입니다.

다미엔은 진실로 작은 예수입니다.

음식점에 들어갔습니다. 여러 나라 음식들이 많았습니다. 저는 다미엔이 생각나서 다미엔의 조국인 벨기에 음식을 먹었습니다.

제 마음속에는 다미엔의 문둥병자를 사랑한 그리스도의 사랑이 진하게 남게 되었습니다. 100년 전 그분이 오늘 저에게 그렇게 감동을 주고 있는 모습을 그분은 천국에서 보고 있을 것입니다.

저는 벨기에 음식을 앞에 놓고 간단하게 기도하였습니다.

"다미엔은 위대합니다. 그러나 다미엔을 만드신 예수님은 더욱 위대하십니다. 조금이라도 닮을 수 있는 은총을 주옵소서!"

하와이 성막 세미나의 결과는 너무나 좋았습니다.

❦ 러시아 성막 세미나

제 책이 러시아어로 번역, 출판되었습니다. 이렇게 제 책이 국경을 넘어 출판될 때마다 저는 아들을 하나씩 낳는 것 같은 기쁨이었습니다. 러시아어로도 완역되었으니, 성막 세미나를 카자흐스탄 가라간다에서 준비하고 있다고 초청이 왔습니다.

기쁜 마음으로 갔습니다. 2005년 7월 5일부터 8일까지 가라간다에서 열렸습니다. 수도 알마티에 내려서 가라간다까지 가는 비행기는 화물 비행기를 개조한 것이었습니다. 에어컨이 없었습니다. 사우나탕 같은 찜통이었습니다. 온몸이 땀으로 흠뻑 젖어 들었습니다.

고물 같은 비행기를 타고 복음을 전하러 가는 발걸음은 가벼웠습니다. '예수님은 이런 비행기도 타보지 않으셨는데……' 하는 생각이 들었습니다.

가라간다 공항에 내렸을 때 저는 놀랐습니다.

일생 처음 그런 환영을 받았습니다. 플래카드에 "환영 강문오 목사"라고 크게 써 놓았습니다. 제 이름이 틀렸습니다. 그러나 좋았습니다. 그리고 러시아 여인들이 치마저고리를 입었습니다. 색동저고리를 입은 여자도 있었습니다. 셀 수 없을 정도로 많은 사람들이 공항에서 기다리고 있었습니다.

사람들이 저를 대단하게 보았을 것입니다. 저를 환영하자 모두의 시선이 제게 집중되어 있었습니다. 흥분되었습니다.

가서 보니 놀라웠습니다. 주일 낮 예배에 5천 명 모이는 교회였습니다. 러시아 목사님들이 1,000명 정도 모였습니다. 제 책 전권을 모두 번역, 출판하였습니다.

한국에서는 2박 3일 세미나지만 여기서는 통역을 두어야 하기에 3박 4일이었습니다. 모두 진지하였습니다. 그러나 얼굴 표정이 너무 어두웠습니다. 평양에 가 본 적이 있는데, 북한 사람들의 표정도 그랬습니다. 공산권 사람들은 어두운 편이었습니다.

그래서 한 사람 한 사람 나와서 시간마다 유머를 하라고 시켰습니다. 그래서 분위기가 한결 재미있고 부드럽게 되었습니다.

어떤 목사님이 나와서 이런 유머를 하였습니다.

세계에서 제일 독주를 많이 마시는 나라가 러시아입니다. 추운 나라이기 때문입니다. 아내가 동창회에 가서 술을 많이 마셨습니다. 취하였습니다. 비틀거리는 몸으로 남편 보기가 미안하였습니다.

"술 깬 다음에 들어가자."

그리고 집 앞 공원을 돌며 술을 깨우고 있었습니다. 이때 뒤에서 남편의 목소리가 들렸습니다.

"서!"

'들켰구나!'

그리고 섰습니다.

"앉아!"

앉았습니다.

"엎드려! 굴러!"

계속 반복되는 것이었습니다.

"일어나! 엎드려! 굴러!"

정신없이 하라는 대로 하다 보니 술이 깼습니다. 왜 그런 것인가 하고 뒤를 돌아보았습니다.

남편이 개 훈련시키는 중이었습니다.

이런 유머로 시간시간 시작하였습니다. 즐거운 러시아 성막 세미나였습니다. 공산권이었던 러시아에 그렇게 복음의 열기가 숨어 있었음에 놀랐습니다.

필리핀 감리교 선교사 세미나

필리핀에서는 성막 세미나를 몇 번 열었습니다. 그러나 그중에서도 2003년 11월 18일부터 보라카이에서 3박 4일 동안 가졌던 감리교 선교사들만의 세미나를 잊을 수 없습니다. 우리 교회로는 188기였습니다.

필리핀에는 감리교 선교사 46가정이 일하고 있습니다. 동생 강요한 선교사가 19년 동안 파나이 섬에서 선교하고 있습니다. 교회를 230개 건축하고 10,000명의 성도를 이루었습니다.

회장이 되었습니다. 끝나기 직전에 전화가 걸려 왔습니다.

"형! 일생에 한 번 하는 회장인데 제일 잘했다는 말을 듣고 싶어."

"무슨 말이야?"

"형! 이곳 제일의 휴양지가 보라카이야. 그런데 선교사들이 파송 교회로부터 넉넉한 선교 후원을 받지 못하기 때문에 이곳에 와본 선교사가 20%가 안 돼. 이곳에서 성막 세미나 한번 해주고 즐기게 해

주면 내가 회장 일을 제일 잘했다고 평가돼."

이 말을 듣고 저는 동생을 위하여, 그리고 선교사들을 위하여 한 번 하겠다고 말했습니다. 예산을 세워 보니 1,800만 원이 들어갔습니다. 필리핀 감리교 선교사들이 모두 모였습니다. 물론 가족까지 모였습니다. 3박 4일 예정이었습니다. 2박 3일 동안 우선 성막을 공부하기 시작하였습니다. 새벽부터 밤늦게까지 공부하는 강훈련이었습니다. 더구나 열대 지방이었습니다.

그럼에도 불구하고 한 명도 즐기고 노는 데 관심이 없었습니다. 대단한 분들이었습니다. 오랫동안 영적 굶주림을 한꺼번에 채우는 것 같았습니다.

그리고 마지막 날에는 배를 한 척 빌렸습니다. 46가정 전체가 타고 유람을 하였습니다. 산호 가루로 깔린 보라카이 해수욕을 즐겼습니다. 세계 최고의 백사장이라고 할 정도로 고운 밀가루 같은 곳이었습니다.

모두가 행복하였습니다. 저는 그들을 행복하게 해놓고 저도 행복했습니다. 모두가 즐거웠습니다. 저는 모두를 즐겁게 해놓고 즐거웠습니다.

마지막 저녁이었습니다.

1년 임기이기에 총회를 하게 되어 있었습니다. 그리고 앞으로 일 년 동안 일할 새로운 회장을 뽑고 헤어지게 되어 있었습니다. 저도 그 자리에 앉아 있었습니다.

동생이 사회를 보면서 말했습니다.

"자! 다음 일 년 동안 우리 모임을 이끌어 갈 회장을 누구로 선택하면 좋을까요?"

한 명이 일어나서 말했습니다.

"회장! 지금까지 우리는 필리핀에 온 순서대로 회장을 하였습니다. 그러나 이번에는 그렇게 하지 말고 돈 대줄 형이 뒤에 있는 사람이 회장 하도록 합시다."

모두가 찬성하였습니다.

그래서 동생이 재선되었습니다. 다음에 한 번 더 해달라는 요청이 었습니다. 필리핀 감리교 선교사 성막 세미나는 이렇게 하여 유종의 미를 거두고 마쳤습니다.

♥ 일본, 한국 선교사 성막 세미나

2008년 11월 일본 니꼬에서 일본에서는 처음으로 성막 세미나를 열었습니다. 온천을 가지고 있는 기도원은 처음 보았습니다. 온천을 즐기며 성막을 공부하였습니다.

일본에는 한국 선교사들이 1,100명이 활동하고 있었습니다. 외국 선교사까지 합하면 모두 1,600명이었습니다.

그런데 다른 나라 선교사들은 하나 둘 일본을 떠나고 있었습니다. 그 이유가 있습니다.

"일본 설교가 어렵다."

"일본 사람은 애매하다."

"일본 신은 800만 가지로 종잡을 수 없다."

이런 이유로 떠나고 있지만 한국 선교사들은 한결같이 말합니다.

"해볼 만하다."

"일본에 선교사로 보낸 것을 감사한다."

그리고 열심히 하고 있었습니다. 그래서 앞으로 몇 년 후면 외국 선교사들은 다 떠나고 한국 선교사들만 2,000명 가량 있을 것이라는 전망입니다. 한국인의 위대성이 돋보였습니다.

일본 여자와 결혼한 선교사님도 있었습니다.
일본 여자와 살면서 에피소드를 적나라하게 말해 주었습니다. 일본 사람의 특징은 정직이라는 것입니다. 예를 들면, 하루종일 일하고 피곤하여 자려 하는데 전화가 왔습니다. 그래서 한국식으로 말했습니다.
"없다고 그래요."
일본인 아내는 전화를 끊지 않고 말했습니다.
"있는데 어떻게 없다고 그래요? 더구나 당신은 목사인데요."
한 번도 거짓말을 한 적이 없다는 것입니다.
일본과 한국이 축구를 합니다. 모든 가족이 둘러앉아 축구를 보면서 일본 선수들이 잘할 때마다 박수를 치며 응원을 합니다. 자기도 그렇게 하면서 속으로는 외칩니다.
'한국이 이겨라.'
일본에서 살고 있지만 어쩔 수 없이 한국인임을 실감하게 된다는 것입니다. 일본에서 한국 시민권을 가지고 살지만 어쩔 수 없이 한국인임을 실감하는 순간이라는 것입니다.

일본 성막 세미나를 하면서 저도 놀라고 일본 선교사들도 놀란 것이 있습니다.
일본 신사가 성막에서 나온 것 같다는 영감이었습니다. 일본 신학자들은 이스라엘 12지파 중 10지파가 일본으로 와서 살았다고 주장하는 이들이 있었습니다.

이를 깊이 연구하는 목사님이 계셨습니다.

동경 성서교회 이청길 선교사님이었습니다. 세미나를 마치고 그가 제게 보낸 편지입니다.

> 존경하는 목사님께!
> 가을입니다.
> 하늘은 맑고 아름다운 풍요로운 계절입니다.
> 그동안 안녕하셨는지요.
> 지난번 성막 세미나에 참석하여 많은 은혜와 도전을 받게 되었음을 감사드립니다. 지금까지 일본 역사 속에 숨겨진 하나님의 비밀을 찾으려고 노력해 왔습니다. 그러나 목사님의 세미나를 통하여 무엇인가 손에 잡힐 것 같습니다.
> 일본 선교를 위한 협력을 기대하면서 일본 속에 잠들고 있는 엄청난 하나님의 유산을 함께 개발하기를 원합니다.
> 최근에 기록한 칼럼을 보내 드리오니 참고하시기 바랍니다.
> 주 안에서 가정의 평강과 건승을 기원하며 감사의 문안을 드립니다.
>
> 2008. 11. 28.
> 동경 성서교회 이청길 올림

그리고 이런 문서를 첨부하였습니다.

성막과 신사

모세 오경 가운데 가장 중요한 부분은 성막에 관한 내용이다.

그러므로 성막에 관한 바른 이해가 없이는 모세 오경(율법)의 깊은 뜻을 바로 깨달을 수가 없을 것이다. 성막은 모세가 시내 산에서 40일 주야로 기도하던 중 하나님께서 환상 중에 보여주신 식양(式樣)을 따라 그대로 지은 것이다(출 25:8-9). 하나님은 이스라엘 백성들을 만날 장소로서 성막을 짓게 하셨다. 그러므로 성막은 하나님을 만나러 가는 약도(略圖)이기도 하다. 성막에서 하나님은 모세를 만나고 하나님의 뜻을 전달하였다.

성막은 하나님께서 자신을 계시하는 장소로 사용하셨다.

하나님께서는 성막에서 죄인들을 만나고, 죄인들과 말씀하시고, 죄인들을 받아 주시고, 죄인들을 용서하시는 거룩한 장소로 성별하셨다.

일본의 신사(神社)도 하나님을 만나기 위한 거룩한 장소로 성별하고 있다는 사실이다. 유대교는 지금으로부터 3,500년 전부터 존재했지만, 일본의 신도(神道)의 역사는 그렇게 길지는 않다. 다만 고대 유대인들이 일본에 와서 신도(神道)를 만든 것으로 추측하고 있을 뿐이다.

왜냐하면 구약성경에 나타난 유대인들의 종교적인 의식과 신도의 종교적인 의식들이 너무나 많이 닮았기 때문이다.

명치 천황(明治天皇)의 손자이었던 고바야시 다가도시[小林隆利]는 명치 천황의 내친왕(內親王)의 장남으로 태어나서, 명치 천황의 명에 의하여 미국에서 유학한 후 목사가 된 사람이다.

명치 천황은 고바야시 다가도시의 어머니에게 "나는 천황의 권

한으로 일본이라는 나라를 조사한 결과 일본은 신도(神道)이다. 그러나 신도는 원래 유대교이다"라는 말을 들었다고 전하였다.

필자는 오래 전에 교토[京都]에서 유대교를 연구하는 세미나에 참석했다가 고바야시 다가도시 목사님을 만나 함께 대화하는 중에 들은 이야기들이다. 만일 "일본의 신도의 신자가 얼마나 되느냐?"고 묻는다면, 일본 인구와 동일한 숫자인 1억 3천만이라고 대답할 것이다.

왜냐하면 일본인의 전 국민이 신도에 속한 씨족의 후손[氏子]으로 등록되어 있기 때문이다. 일본인은 출생하면서 본인의 의사와는 전혀 관계없이 신도의 신자로 등록되어진다고 한다. 또한 외국인들은 결코 신도의 신자가 될 수 없고, 오직 일본인만을 대상으로 하는 민족 종교이기도 하다.

이러한 점에서는 유대교는 더욱 철저한 규칙을 가지고 있다.

유대인으로 태어나면 자연스럽게 유대교에 등록하고 신자가 되지만 외국인은 될 수 없다. 그러나 외국인이 개종하여 유대교를 받아들이면 그 때부터 그는 이방인이 아니라 유대인이 되는 조건에서 가능하게 된다.

이 지구상에서 오직 유대교와 신도만이 민족 종교로서 유일하게 존재한다. 세상의 모든 종교들은 그들 나름대로의 우상을 만들어 섬기고 있다.

그러나 기독교와 유대교와 신도는 우상이 없다는 유일한 특징을 가지고 있다. 일본의 신사의 본당에는 털체(御幣 : 고헤이; 신관이 정결케 하는 의식으로 사용하기 위한 막대기 끝에 가늘고 길게 자른 흰 종이나 천을 끼운 것), 거울, 검 등이 놓여 있지만 우상은

> 아니다. 이것을 요리시로[衣代]라고 하는데, 이곳에 신(神)이 강림
> 하는 성스러운 장소로서 구별할 뿐이다. 다만 그곳에 임재하는 눈
> 에 보이지 않는 신을 숭상하는 것이다.
> 　이와 같은 사실은 고대 유대인들이 성막에 언약궤를 안치하고
> 그곳에 강림한 하나님께 예배드리는 것과 동일한 형태이기도 하다.
> 　일본 신사의 원형은 모세 오경에서 나타난 성막에서 유일하게
> 찾아볼 수가 있다. 필자는 오직 유대인의 성막과 일본인의 신사 속
> 에 숨겨진 신비로운 비밀을 통하여 일본 선교의 새로운 역사의 장
> 을 열고 싶을 뿐이다.

앞으로 같이 신사와 성막의 관계성을 연구하기로 하였습니다. 지금 그렇게 하고 있습니다. 일본 성막 세미나는 저에게 새로운 곳을 보게 해주었습니다.

🌸 싱가포르 성막 세미나

1991년 11월 7일부터 싱가포르에서 성막 세미나가 있었습니다. 윤보환 선교사가 주변 국가에서 선교하는 이들을 모두 모았습니다. 130명이 모였습니다. 기도원이 없기에 호텔에서 하였습니다. 이애라 목사님의 몸찬양 팀도 동행하였습니다. 시간시간 공부를 시작하기 전에 몸찬양을 해주었습니다.

선교사님들이 처음에는 좋아했지만 하루 지나고 나니까 보기 싫어했습니다. 그게 그거라는 것뿐만은 아니었습니다. 시간마다 옷을 갈아입었는데 너무나 호화스러웠습니다. 지나친 화려함은 오히려 거

부감이 되었습니다.

    호텔에서 공부했기에 비용도 엄청나게 들었습니다. 그러나 돈이 아깝지 않았습니다. 모두가 즐거웠습니다. 행복하였습니다. 참석자 전원이 패에 사인을 하여 코팅하여 주었습니다. 두고두고 기념이 되고 있습니다.

❋ 토론토 성막 세미나

    127기 성막 세미나는 토론토에서 열렸습니다.

    1999년 4월 12일부터 14일까지 열렸습니다. 한국인이 많지 않아 수는 적었지만, 그러나 외국에서 할 때는 그러려니 합니다.

    밤에는 부흥회를 하고 낮에는 목사님들 대상으로 성막 세미나를 하였습니다. 저는 새벽이면 기도를 마치고 자지 않는 버릇이 어려서부터 들어 있었습니다.

    "새벽기도 끝나고 잔 사람은 새벽기도를 또 해야 한다."

    이런 말을 들은 후부터 새벽기도 끝나고 자려고 하면 잠이 오지 않았습니다. 역시 말씀은 능력입니다.

    매일 새벽 기도를 마치면 공원으로 나가 산책을 하거나 조깅을 하였습니다. 그때 그 교회 몇 명이 같이하게 되었습니다. 집사님 한 분이 옆에서 뛰면서 자랑을 하였습니다.

    "목사님! 전 캐나다로 이민 와서 돈을 많이 벌었습니다."

    "얼마나 벌었는데요?"

    "버섯 농장을 하였는데, 아들에게 40억 원을 주어서 장가들였고, 딸은 시집갈 때 30억 원을 주었습니다. 그리고 현금으로 100억 정도가 남아 있습니다."

저는 놀라서 물었습니다.

"지금 연세가?"

"70세입니다."

"그러면 집사님! 잘되었습니다. 앞으로 남은 생애 50억만 가져도 충분합니다. 이번 집회에 50억 헌금하세요. 지금 집사님이 나가시는 교회가 캐나다 교회를 빌려서 예배드리고 있잖아요. 50억이면 이곳에서 교회를 그럴 듯하게 지을 것입니다. 평생에 멋진 일 한번 하세요."

저의 제안을 그는 거절하고 입을 다물고 말았습니다. 저는 무안하여 그 정도에서 끝냈습니다.

다음날 새벽에 또 만났습니다. 저는 조금은 멋쩍어 하는데 그분이 먼저 또 꺼냈습니다.

"강 목사님! 저 이곳에서 삼태기로 돈을 긁어모았지요."

그래서 저는 또다시 50억 헌금을 부탁하였습니다. 그러나 또 거절이었습니다. 그가 성막 세미나에 참석하기만 하면 독려 비슷한 이야기를 하며 마음 문을 열기를 바랐습니다. 그러나 끝내 물질적 헌신의 문은 열리지 않았습니다. 성막 세미나를 마치고 공항으로 나와 짐을 다 보냈습니다. 손에는 책 한 권과 성경책 둘뿐이었습니다.

자리 배정을 받았습니다. 송별하러 온 이들과 모두 일일이 인사를 나누고 들어가려는 때였습니다. 멀리에서 소리 지르는 이가 있었습니다.

"목사님! 잠깐만"

100억 집사였습니다.

"목사님! 잠깐만! 선물을 가지고 왔어요. 길이 막혀서 간신히 왔어요. 조금만 기다리세요."

저는 들어가려던 발길을 멈추었습니다. 그리고 기다렸습니다. 헐레벌떡 숨가쁘게 뛰어오더니 선물을 내밀며 말했습니다.

"하마터면 못 드릴 뻔했네요."

그곳에서는 선물을 받으면 그 자리에서 뜯어보고 감사하는 것이라기에 뜯었습니다. 조그만 꿀 항아리였습니다.

"목사님! 러키 산속에서 나온 진짜 꿀인데요, 한국에서는 못 구하는 꿀입니다."

또 자랑이었습니다.

"얼마짜리예요?"

"10,000원이지만 가격이 문제가 아니에요."

저는 순간적으로 꿀 항아리를 집사님에게 내밀며 말했습니다.

"저 안 받으렵니다."

그가 놀라서 물었습니다.

"왜요?"

저는 생각나는 대로 말했습니다.

"우선 품목이 틀렸어요. 10,000원짜리 꿀을 가지고 오지 마시고 3,000원짜리 책을 가지고 오면 받지요. 목사가 어떻게 성경책을 이 손에 들고 다른 손에는 꿀단지를 들고 다녀요? 그리고요 시간적으로 늦어서 안 받아요. 30분 전에만 가지고 오셨어도 가방에 넣으면 되었잖아요. 마지막으로 정말 이유가 하나 더 있습니다. 100억 자랑하신 분이 10,000원짜리 선물이 무엇입니까?"

그리고 도로 주었습니다. 그의 얼굴은 홍당무처럼 빨개져 있었습니다.

"안녕히 계세요."

인사하고 비행기로 들어가려는데, 목사님이 오시더니 귓속말로 말했습니다.

"강 목사님답지 않게 어떻게 그렇게 무안을 주세요."

저도 살짝 말했습니다.

"우리 교인이 아니잖아요. 저한테 삐쳐도 목사님은 괜찮아요."

그리고 그 100억 집사님을 다시 보았습니다. 10,000원짜리 꿀 항아리를 들고 어쩔 줄 몰라하고 있었습니다. 그때 비행기로 들어가며 저 혼자 중얼거렸습니다.

"줘도 안 받으면 제 것이다."

토론토 성막 세미나에서 잊을 수 없는 사건입니다.

🔹 대만 성막 세미나

대만 신학교에 성막의 바람이 불었습니다. 그곳에서 성막으로 박사 학위를 준비하는 이들이 18명이었습니다. 이들이 하나가 되었습니다. 대표가 제게 전화를 걸어왔습니다.

"강 목사님! 우리 18명이 한국에 가서 목사님의 강의를 듣고 싶습니다. 우리에게만 성막 세미나를 해주실 수 있나요?"

저는 너무나 기뻤습니다. 그렇게 하겠다고 말했습니다. 며칠 후 전화가 다시 왔습니다.

"강 목사님! 죄송합니다. 우리 18명이 가려니까 비용이 대단합니다. 목사님 한 분을 초청하고 싶으니 오셔서 강의해 주실 수 있겠습니까?"

저는 성막으로 논문을 준비하는 이들이라 고귀하다는 생각이 들어서 월요일에 대만에 들어갔습니다.

비행기에서 내리자마자 강의가 시작되었습니다. 화요일부터는 아예 새벽부터 밤까지 강의였습니다. 식사 시간이 잠깐 쉬는 시간이었습니다. 토요일에 비행기 타러 나오는 시간까지 강의였습니다. 제 평생 가장 강의를 많이 한 주간이었습니다.

그런데 이들은 두 가지 면에서 저를 무시하고 있음을 조금 지나면서 알았습니다. 하나는, 조그만 나라 한국을 아예 무시하고 있었습니다. 다른 하나는 자기들은 성막을 알 만큼 안다고 자부하고 있었습니다. 그래서 강의 시간에 묘한 질문을 많이 하였습니다.

저는 일일이 대꾸하다가, 조금 지나면서부터는 저를 골탕 먹이려는 의도적인 질문이 있다는 것을 알았습니다. 질문하려는 질문과 골탕 먹이려는 질문을 구별할 수 있었습니다. 그래서 질문 같지 않은 질문은 아예 침묵을 지키고 언급하지 않았습니다. 18명은 눈치가 빨라서 제가 질문 같지 않은 질문을 알아차린다는 사실을 알았습니다.

그 후부터 달라졌습니다. 저는 은혜 중심으로 강의하지 않고 학적으로 강의하였습니다. 나중에 이들은 제 책의 진가를 알아주었습니다. 그래서 후에 제가 지은 성막 교과서가 완전히 번역, 출판되었습니다. 대만어나 북경어나 거의 같기에 중국 대륙에서도 제 책이 사용되고 있습니다. 중국, 대만, 그 위쪽으로 러시아 모두에게 제 책은 번역되어 덮여 있습니다.

특별한 성막 세미나

그동안 230기 성막 세미나를 하였습니다. 그중에 별다른 성막 세미나가 있었습니다. 아직도 기억에 남아 있는 세미나가 있습니다. 다음과 같은 세미나입니다.

♣ 군목 성막 세미나

군복음화운동 본부에서 전화가 왔습니다.
"목사님! 우리나라에 군복음화에 전력하고 있는 군목님들이 309명입니다. 군목 성막 세미나를 한번 열어 주시지 않겠습니까?"
저는 이 전화를 받자마자 동의하였습니다.
대한민국의 그 귀한 군목님들을 다 우리 교회로 모실 수 있다는 것은 일생 한 번 있을까 말까 한 기회라고 여겨졌습니다. 그래서 생각할 틈도 없이 말씀드렸습니다.

"그런데 목사님! 군 예산이 없으니까 2박 3일 동안에 드는 비용은 모두 목사님의 교회에서 부담해 주실 수 없을까요?"

저는 얼마나 드는지도 모르고 그렇게 하겠다고 말씀을 드렸습니다.

국방부에서 우리나라 모든 군목님들에게 갈보리교회 성막 세미나에 참석하라는 공문이 일제히 하달되었습니다. 우리 교회 성막 수양관에 모이고 보니 267명이었습니다. 우리 수양관의 수용 능력은 200명 정도였습니다. 바로 옆에 있는 잠실 수양관, 곤지암 기도원, 두 곳의 신세를 지게 되었습니다.

군인답게 열정을 가지고 공부하시던 군목님들의 모습이 지금도 눈에 선합니다.

국방부에서는 바로 옆에 있는 광주 ○○부대에 경비를 하라는 명령을 하달하였습니다. 군목님들에게 혹시 무슨 테러라도 있을 것을 염려하여 경계를 하였습니다. 그때 부대장 A 장군이 가끔 세미나에 참석하였습니다. 경계 감시차 오셨다가 뒤에 앉아 계셨었습니다.

두 달 정도 흘러 7월이 되었습니다. 전화가 왔습니다.

"목사님! 그때 은혜 받았습니다. 저는 부대장이자 장로입니다. 지금 훈련병이 700명입니다. 낮에는 낙하산 훈련을 받지만 밤에는 할 일이 없습니다. 3일만 집회를 하면서 전도해 주실 수 있겠습니까?"

저는 전도 집회이기에 영혼을 사랑하는 마음으로 대답하였습니다.

"영광입니다. 가겠습니다."

"그런데 훈련병들이 더위에 고생합니다. 훈련받고 들어오면 더위에 땀으로 범벅되어 있을 것입니다. 시원한 음료수 700병이 매일 필요합니다. 군 예산이 없으니까 목사님이 700병씩 사가지고 오실 수 없을까요? 그리고 저녁도 드시고 오시면 감사하겠습니다. 미안합니다."

저는 그렇게 하겠다고 말했습니다. 군대 생활할 때 저는 군종병으로 있었습니다. 저도 그때 그렇게 하였기 때문에 군대에 예산이 없는 것을 잘 알고 있었습니다. 매일 저녁 70만 원을 들여서 시원한 음료수 700병을 샀습니다. 210만 원 들어갔습니다.

저는 이렇게 설교하였습니다.

첫째 날. 하나님은 누구신가?
둘째 날. 예수님은 누구신가?
셋째 날. 구원이란 무엇인가?

그리고 마지막 날 결단하였습니다. 수백 명이 예수님을 영접하였습니다. 그 무엇과도 바꿀 수 없는 보람이었습니다.

마지막 날 저녁 예배를 앞두고 장로님이 말씀하셨습니다.

"강 목사님! 고맙고 미안해요. 마지막 날이니 오셔서 같이 식사를 하고 이야기를 나누고 싶어요."

제가 말씀드렸습니다.

"군 예산이 없잖아요."

"참모님 이상 제가 식사 대접을 해드리고 싶어요."

그래서 부대 참모님들 모두가 모여 같이 식사를 하였습니다. 저는 준장 장군 장로님 옆에 앉았습니다.

이 이야기, 저 이야기를 하다가 놀라운 이야기를 들었습니다.

"목사님! 저는 깊은 신앙 체험을 하였습니다."
저는 놀라서 호기심에 물었습니다.
"무슨 말씀이신가요?"
그는 이런 말을 하였습니다.

자기가 영락교회 권사님 딸과 약혼을 하였다는 것입니다. 장모님은 동양학을 공부하신 분이라, 손금 이야기를 통계적으로 때때로 하시는 분이었습니다. 믿을 것은 아니지만 통계적으로 재미있다는 것입니다. 약혼 후 장모님이 손을 좀 보여 달라고 하여 보여드렸습니다. 소스라치게 놀라며 물었습니다.

"자네 아버지께서 몇 살에 소천하셨지?"
조금 생각한 후 대답하였습니다.
"50대에 돌아가셨습니다."
"그렇지? 할아버지는?"
"50대입니다."

"그렇지. 자네 가문에는 단명이 흐르고 있네. 손금은 통계적으로 맞지. 자네 손금 생명선이 가다가 끊어져 있어. 내가 내일부터 40일 금식 기도에 들어가겠네. 그리고 하나님이 자네 가문에 단명의 저주가 끊어진 표적을 보여주시면 약혼이 결혼으로, 만일 표적을 보여주시지 않으면 약혼이 파혼으로 이어지겠네."

그러고는 장모님이 그 다음 날부터 40일 금식 기도에 들어갔습니다. 장모님의 40일 금식 기도를 마친 후, 자신의 끊어졌던 생명선 손금이 손등으로 넘어가게 되었다는 것입니다.

장로님은 그 생명선을 식사 중에 제게 보여주면서 말씀하셨습니다.
"분명한 체험입니다."

저는 식사하면서 그 이야기를 들으면서 혼자 중얼거렸습니다.
"우리 주님은 못할 것이 없는 분이시다."
"하나님이 함께하시면 된다."
"하나님은 모든 저주를 끊으시는 분이다."

군목 세미나를 통하여 또 값진 체험을 하였습니다.

사모 성막 세미나

저는 세미나 중에 사모 세미나를 좋아합니다. 그 이유가 있습니다. 저는 사모 아닌 여자와는 살아 보지 않았습니다. 제가 태어나니 어머니가 사모였습니다. 결혼하고 나니 아내가 사모입니다. 그래서 사모의 심정을 잘 알 수 있습니다. 그래서 사모 세미나에 가면 이런 제목으로 강의를 합니다.

"사모, 그 아픔 그리고 그 보람"

그동안 몇 번 사모들만 모시고 성막 세미나를 하였습니다. 그중에서 잊을 수 없는 사모 세미나가 있습니다.

2000년 2월 28일부터 3월 1일까지 가진 사모 세미나입니다. 부산 이야기 140기였습니다. 우리는 성막 공부만 하는 것이 아니라 그룹으로 나누어 토론도 하고, 그룹별로 발표도 합니다. 예를 들면 이런 질문을 합니다.

"목사님이 가장 미워질 때가 언제입니까?"

"가장 싫은 교인은 어떤 교인입니까?"

"사모로서 가장 스트레스 받을 때는 언제입니까? 그 때에는 어떻게 스트레스를 푸나요?"

그리고 그룹별로 토론하고 발표하는 시간은 가장 재미있는 순간입니다. 배꼽을 잡고 웃을 때가 한두 번이 아닙니다. 토론도 즐겁지만 다른 팀들이 토론한 것을 들을 때에는 더 재미있었습니다. 사모들만의 아픔과 사모들만의 감정을 다 같이 토로할 때에는 모두 하나가 되었습니다.

그때 부산에서 오신 사모 이야기를 잊을 수가 없습니다. 점심식사를 같이하면서 사모님이 말했습니다.

"목사님! 제가 지금 〈부산일보〉에서 화제의 인물로 떠오르고 있습니다."

"무슨 말씀이에요?"

제가 묻자 다음과 같이 말해 주었습니다

사모님이 섬기는 교회 바로 옆에 담을 하나 사이에 두고 절이 있습니다. 한 사람이 사재를 털어 절을 지었습니다. 사유 재산입니다. 그가 스님 몇 분을 초청하여 같이 일하는 절입니다.

그런데 주지 스님이 병들어 죽게 되었습니다. 모두 결혼하지 않은 스님들이었습니다. 누가 돌보아 줄 사람이 없었습니다. 더구나 똥오줌을 싸는 병이었습니다. 하루에 몇 번씩 치워 주다가 이제는 지쳤습니다. 그래서 비닐을 깔아 놓고 하루에 한 번씩만 치워 주고 있었습니다.

사모님이 보니까 너무나 불쌍하였습니다. 신앙은 달라도 바로 옆에 있는 스님이라 늘 인사하고 지냈기에 인간적으로 정이 있었습니다.

그래서 사모님은 이런 생각을 하였습니다.

'마지막 길이니까 내가 보살펴 드려야겠다.'

그래서 병들어 똥오줌을 싸고 있는 주지 스님의 방에 들어가서 목욕을 해드렸습니다. 옷도 빨아 드렸습니다. 모르는 남자의 수발을 든다는 것은 그리 쉬운 일이 아니었습니다.

그러나 하루에도 몇 차례씩 드나들면서 그렇게 하였습니다. 며칠이 지났습니다. 주지 스님이 물었습니다.

"사모님! 예수님 사랑이 부처님 자비보다 큰가 보지요?"

"왜요?"

"내가 데리고 있는 스님들보다 사모님의 사랑이 더 커서요. 저들은 지금 제가 죽기만을 기다리고 있어요. 죽을 때가 되니 외로워요. 그런데 사모님이 저를 보살펴 주고 있네요."

그래서 사모님이 말했습니다.

"그럼요. 예수님은 우리를 위하여 죽으셨는데, 부처님은 잔칫집에서 돼지고기도 잘 못 먹고 체하여 죽었지요."

이런 대화를 하고 며칠이 지났습니다. 사모님의 보살핌은 계속되었습니다. 목욕을 시키러 갔습니다. 주지 스님이 말했습니다.

"사모님! 나 같은 사람도 예수 믿으면 천국에 갈까요?"

사모님이 놀라서 말했습니다.

"그럼요. 성경을 보면 평생 강도짓 하던 사람도 죽기 직전에 예수님을 영접하니까 구원받았습니다. 스님도 구원받아요."

그때 주지 스님이 깜짝 놀랄 말을 하였습니다.

"나 예수 믿고 싶어요."

"지금 영접하세요. 간단해요. 예수님만이 우리 죄를 짊어지고 죽으신 구세주라고 입으로 고백하고 마음으로 믿으시면 돼요."

스님은 나지막한 목소리로 말했습니다.

"나 예수 믿어요."

그의 눈에는 눈물로 얼룩지고 있었습니다. 조금 후 그분은 더 깜짝 놀랄 만한 말을 하였습니다.

"사모님! 이 절은 내 재산이에요. 나 하나님께 이 절을 바치고 싶어요. 나를 저렇게 푸대접하는 중들에게 주고 싶지 않아요."

사모님은 까무러칠 뻔하였습니다. 정신이 나가는 듯하였습니다. 그러나 정신을 차리고 냉정하게 말했습니다.

"그러면 공증해 주실 수 있겠어요?"

"내가 이렇게 누워 있는데 어떻게 공증해요?"

"공증 사무실로 가는 방법도 있지만 공증 사무실에 계신 분들을 출장비를 주고 초청하는 방법도 있지요."

"그렇게 해주시겠어요?"

그래서 사모님은 즉각 공증 사무실로 전화를 하여 두 분의 출장을 받았습니다. 그리고 스님이 돌아가시면 하나님께 드린다고 공증하고 도장을 찍었습니다.

그리고 며칠 후 그 스님은 하나님의 부르심을 받았습니다. 장례를 치르고 나서 사모님은 공증 서류를 가지고 절에 갔습니다. 스님들에게 내놓으면서 말했습니다.

"이 절은 교회 재산입니다. 나가십시오. 이 절을 없애고 주차장을 만들 계획입니다."

그 서류를 보자 스님들은 기절할 듯이 놀랐습니다. 당황한 스님들은 고소하였습니다.

"사모님이 주지 스님이 아플 때 찾아와 돌보아 주면서 정신이 몽롱할 때 받아 낸 서류이니 무효입니다."

이렇게 주장하는 것입니다. 드디어 재판이 열렸습니다. 결정적인 근거는 공증하러 왔던 분이었습니다. 정신이 몽롱할 때 작성한 서류가 아니라, 정신이 또렷할 때 확실하게 작성한 서류라는 증언이 받아들여졌습니다. 그래서 사모님의 승소로 마쳤습니다.

이 이야기가 〈부산일보〉에 실리고 있다는 것입니다.

사모 성막 세미나 중에 만난 사모님의 신나는 간증입니다.

- 기억나는 실수

제가 사모 세미나를 좋아하는 또 다른 이유가 있습니다. 여자들만 앉혀 놓고 남자는 저 혼자 있는 그 기분도 좋습니다.

사모 세미나 중에 제가 실수한 고백이 있습니다.

첫날 어느 사모님 한 분이 자꾸만 조는 것이었습니다. 졸아도 심하게 졸았고, 계속 졸았습니다. 저는 예배 시간이나 부흥회 중에 조는 사람을 신경질적으로 싫어하는 성격입니다.

그러나 그날은 두고보기로 하였습니다. 피곤하여 조는 것은 누구에게나 있을 수 있는 것이기 때문입니다. 월요일 밤에 푹 잤습니다. 화요일 첫 시간 강의실에 들어가면서 저는 그 사모님이 생각이 났습니다. 저 혼자 중얼거렸습니다.

'오늘도 졸면 그 사모는 조는 버릇이 있는 사모다. 혼내 주리라.'

그리고 단단히 마음을 먹고 강의실에 들어가 강의하기 시작하였습니다. 그 사모를 유심히 보았습니다. 역시 또 조는 것이었습니다. 저 사모가 조는 것은 어쩔 수 없는 피곤이 아니라 상습적인 것이라고 결론을 내렸습니다.

저는 졸고 있는 사모에게 말했습니다.

"사모님! 일어나세요."

그 사모는 졸고 있다가 깜짝 놀라 깼습니다. 그리고 엉겁결에 일어났습니다. 저는 다시 말했습니다.

"성경, 찬송 들고, 교과서를 드세요."

그 사모는 영문도 모르고 성경, 찬송 그리고 교과서를 들었습니다. 그 다음이 제가 실수한 말입니다.

"집으로 가세요. 그리고 목사님과 이혼하세요. 목사님에게 다른 여자를 붙여 주세요. 저는 같은 목사로서 당신 남편이 불쌍합니다. 목사님은 일주일 내내 피눈물 나는 노력으로 설교를 준비하여 설교하지요. 그때 당신은 사모로서 졸지요? 그럴 수가 있습니까? 제 아내는 안 그렇습니다. 제가 설교할 때면 초긴장을 해요. 마이크 소리가 안 들리면 안 들린다고 신호합니다. 제가 예화가 길어지면 쓸데없는 소리 그만두고 성경으로 들어가라고 신호합니다. 아이가 울면 재빨리 데리고 나갑니다. 그렇게 목회를 도와주어야 사모입니다. 당신은 당신 남편이 설교할 때 졸지요? 가서 이혼하세요."

제 말을 듣고 그 사모는 안절부절못했습니다. 벌벌 떠는 것 같았습니다. 얼굴은 홍당무처럼 되었습니다. 갈 수도 없고, 안 갈 수도 없어서 멍하니 서 있었습니다. 잠시 후 묘안이 떠올랐는지 말했습니다.

"목사님! 저 졸지 않을 테니 용서해 주세요."

그 말을 듣고 제가 말했습니다.

"정말이요?"

사모가 간결하게 대답하였습니다.

"네."

저는 마음을 누그러뜨리고 말했습니다.

"앉으세요."

그리고 그 사모는 거짓말처럼 수요일 1시 끝나는 시간까지 한 번도 졸지 않았습니다. 그러고 나니 제가 미안하였습니다. 제가 생각해도 제가 너무했다는 생각이 들었습니다.

수요일 점심 식사 후 세미나를 마치게 되었습니다. 저는 식사하고 가려는 사모님에게 다가갔습니다. 그리고 조용히 말했습니다.

"사모님! 미안해요. 제가 생각해도 제가 너무 말을 막 했어요. 저도 모르게 그렇게 말해 놓고 나니 얼마나 미안한지 모르겠어요. 용서하세요."

저는 정중하게 사과하였습니다. 그렇게 말하면 사모님은 제 사과를 받아들이고 마음이 풀어질 줄 알았습니다. 그러나 결과는 반대였습니다. 사모님은 냉정하게 말했습니다.

"몰라요. 몰라요. 몰라요."

세 번을 오른팔을 흔들면서 외치더니 이렇게 말했습니다.

"내 평생 최고의 망신을 당했어요. 많은 사모님들 앞에서 그런 말이 뭐예요?"

그러고는 휙 돌아서서 가버렸습니다.

제가 망신당한 것 같았습니다. 그 다음 날 새벽에 일어나 무릎을 꿇고 주님을 부르면서 기도하였습니다. 주님이 안 나타나시고 그 사모가 나타나서 외쳤습니다.

"몰라요. 몰라요. 몰라요. 제 평생 최고의 망신을 당했어요. 많은 사모님들 앞에서 그런 말이 뭐예요?"

저는 어떻게 할 바를 몰랐습니다. 풀 방법도 몰랐습니다. 그렇게 며칠이 흘렀습니다. 주일이 지나고 월요일 아침 조용한 시간이었습니다.

그 사모님 생각이 났습니다. 그래서 등록부를 찾아서 전화를 걸었습니다. 벨이 울려 가는 순간 무슨 말부터 해야 할지 조마조마하였습니다. 남편 목사님이 전화를 받았습니다.

"강문호 목사입니다."

조용히 말문을 열었습니다. 목사님이 아주 반가운 듯이 물었습니다.

"강 목사님! 우리 목사님이 어떻게 하였기에 어제 주일 생전 처음으로 집사람이 안 졸았습니다."

저도 한마디 하였습니다.

"사모님에게 직접 물어 보세요."

그리고 전화를 끊었습니다. 그러고는 이 사건을 종지부 찍었습니다. 지금 생각해도 제가 너무 말을 막 하였던 후회스러운 성막 세미나였습니다. 그 사모님에게 죄송스러운 마음을 지금도 가지고 있습니다.

❈ 기도원 원장 성막 세미나

용문산 기도원은 우리나라 기도원 역사상 많은 업적을 남겼습니다. 비록 용문산에 대한 인상은 그리 한국 강단에서 좋지 않아도 그 교단 여자 수도사들의 기도원 개척사는 눈물겹고 감동적입니다.

대표적인 기도원이 있습니다.

부산의 갈림산기도원 이옥란 원장님, 대전 도곡기도원 양예자 원장님, 전주 수양산기도원의 박승자 원장님은 대표적인 분들입니다.

일 년에 한 번씩 여자 수도사님들 50여 분을 우리 기도원으로 모시고 성막 세미나를 하는 것은 성막의 즐거움 중의 하나였습니다. 산속에서 수년 동안 고생하며 그렇게 훌륭한 기도원을 이루어 놓으신 여자 원장님들의 이야기는 '여자 사도생전' 입니다.

30여 년 전에 깊은 산속에서 기도할 때 늑대가 나타나서 같이 기도하였다는 이옥란 원장님 이야기, 기도를 너무나 많이 하여서 허리가 쪼그라든 양예자 원장님 이야기, 기도원을 짓다가 너무 힘들어서 "하나님! 내 속 좀 썩이지 말아요"라고 기도한 박승자 원장님의 이야기는 그대로 감동입니다.

이분들을 알면 알수록, 만나면 만날수록 훌륭한 여인들임을 알게 됩니다.

이 기도원들은 일 년에 꼭 한 번씩 20년 정도 집회를 하고 있습니다.

❧ 여자 장로 성막 세미나

한국 여자 장로님들만 동질성으로 공부한 성막 세미나도 있었습니다. 여자로서 그 교회 장로가 되었다는 것은 남자들보다 더 인정받고 성실한 여자들입니다.

젊은 여자 장로들은 별로 없었습니다. 거의 다 70대에 가까운 느긋한 분들이었습니다. 모두 어머니 같고 모두 친근하였습니다.

여자들만 모인 사모 세미나와는 또 다른 맛이 있었습니다. 헤어질 때에는 부둥켜안고 모두 울었습니다.

❦ 남자 장로 성막 세미나

남자 장로님들만 모이는 성막 세미나도 몇 차례 열었습니다. 뭐니 뭐니해도 장로님들은 장로님들입니다. 교회의 기둥들입니다. 이들이 모여서 같이 공동 관심사를 이야기하면서 공부하는 것은 큰 유익이었습니다.

❦ 시각 장애인 목사 성막 세미나

우리나라에 시각 장애인 목사님들이 60여 명 된다고 합니다. 이들이 하나가 되어 같이 모였습니다. 시각 장애인이기에 꼭 옆에 한 분이 수종을 들어야 했습니다. 그래서 100여 명이 모였습니다.

저는 놀랐습니다. 눈을 뜬 목사님들은 와서 공부를 하는데, 이들은 이미 공부를 하고 왔습니다. 이미 점자로 공부할 성막 책이 다 출판되어 있었습니다.

그 책을 다 읽고 왔습니다. 내용을 잘 알고 있었습니다. 다 그런 것은 아니었지만 대부분의 목사님들이 읽고 왔습니다.

회장 목사님의 새벽 설교는 심금을 울려 주었습니다.

"혼자 사니까 외롭고, 같이 사니까 괴로워요."

혼자는 살 수 없고 같이 살자니 자존심 상하는 일이 많아서 괴롭다는 말이었습니다. 모두 시각 장애인이 된 사연이 있었습니다. '아차' 하는 순간에 저질러진 사고들이었습니다.

🌸 육군사관학교 성막 세미나

육군사관학교 신우회 성막 세미나는 여러 가지 면에서 잊을 수 없는 세미나입니다. 입학하면 6개월 훈련을 받습니다. 고되고 지루한 훈련을 받고 나면 모두 집으로 빨리 가고 싶어집니다.

그러나 이들은 집으로 가지 않고 우리 성막 수양관으로 왔습니다. 3일간 성막 공부를 하고 돌아가기로 결정을 하였습니다. 보고 싶은 온 가족들이 오히려 우리 수양관으로 모였습니다. 그래서 수양관이 면회 장소가 되었습니다.

이들의 공부 자세는 일생 처음 보는 자세였습니다. 모두가 부동자세였습니다. 공부하다가 졸리면 눈치 보지 않고 벌떡 일어나 뒤에 가서 섰습니다. 그리고 스스로 잠을 깨웁니다. 스스로 판단하여 졸림이 사라졌다 생각되면 자리로 돌아와 앉았습니다. 전혀 수업에 방해가 되지 않았습니다.

교관이 와서 말했습니다.

"귀관들은 부잣집에서 기르고 있는 돼지 같은 신분이다. 부자가 돼지를 기르는 목적은 잔칫날에 잡아 상에 올리려는 것이다. 귀관들을 4년 동안 기르는 데 한 사람에게 2억이 들어간다. 국가가 귀관들에게 이렇게 투자하는 목적은 꼭 하나다. 전쟁이 일어나면 나라를 지키기 위하여 귀관들의 생명을 내놓아야 한다."

이 말을 들으면서 저는 생각하였습니다.

'지금까지 하나님이 수억을 들여서 이 몸을 기른 것은 하나님이 쓰시기 위함이다. 주님을 위하여 목숨을 드려야 한다.'

그리고 사명을 더 다지게 되었습니다.

월요일 밤, 화요일 밤 10시경에 공부를 마치면 통성 기도에 들어 갔습니다. 밤 2시까지 기도하는 이들이 많았습니다. 한국의 장교들이 다 이렇게 된다면 군 복음화는 쉽게 이루어지고, 군 복음화가 이루어지면 민족 복음화는 곧 될 것 같다는 기쁨이 강물처럼 밀려 들어왔습니다.

3일간 공부를 마쳤습니다. 집으로 돌아가기 전에 한 시간을 청소 시간으로 배정하였습니다. 냇가까지 청소를 하였습니다. 우리가 그동안 한 번도 청소하지 않았던 구석구석까지 청소를 하였습니다. 심지어는 바위 틈에 들어 있는 담배꽁초까지 파내는 모습을 보면서 우리나라 장교들의 수준을 엿볼 수 있었습니다.

❦ 한 명 성막 세미나

그동안 230여 회 성막 세미나를 하였습니다. 650명 모일 때가 가장 많은 때였습니다. 보통 150명 내외였습니다.

가장 적었던 세미나는 한 명을 놓고 했을 때입니다. 성막 세미나를 계획하고 신문 광고를 통하여 200여 명 목사님들을 확정해 놓았습니다. 그런데 교회에 불가피한 일이 생겼습니다. 포기하지 않을 수 없었습니다. 그래서 전화로 취소되었다는 연락을 하는데, 600여 통의 전화를 하였습니다.

그런데 일본에서 목사님 한 분이 취소된 것도 모르고 오셨습니다. 저는 그분의 성의가 고마워서 3일간 머물게 하였습니다. 물론 숙식비를 제공하였습니다. 그리고 그분 한 분을 놓고 세미나를 하였습니다. 요약하여 잘 설명하여 주었습니다. 그분과 저는 둘도 없는 친구가 되었습니다.

　인상 깊은 세미나였습니다.

❦ 제주도 성막 세미나

　아침이었습니다. 전화벨이 울렸습니다. 아내는 아침 식탁을 마련하고 있었고, 저는 소파에 앉아서 신문을 읽고 있었습니다.

　전화를 받았습니다.

　"저는 제주도 목사회 회장입니다. 강 목사님! 제주도에 목사님들이 250명 가량 됩니다. 오셔서 성막 세미나를 해주시기 바랍니다. 목사님의 교회로 가서 공부하려고 계획을 해보았습니다. 한 명이 30만 원 정도 들어갑니다. 250명이면 7,500만 원이 듭니다. 개척 교회가 반입니다. 그 돈을 도저히 마련할 수가 없습니다. 목사님이 오셔서 강의해 주시기를 부탁드립니다."

　저는 이렇게 말했습니다.

　"목사님! 초청해 주셔서 감사합니다. 그러나 저는 국내에서는 우리 교회 밖에서는 성막 세미나를 하지 않습니다. 돈이 들어도 오셔서 공부해야 효과적입니다. 법궤 공부를 할 때에는 법궤를 보면서 공부하여야 합니다. 제가 가지고 있는 성막 재료가 한 트럭은 될 것입니다. 이것을 가지고 갈 수가 없습니다."

　목사님이 말했습니다.

　"강 목사님! 그런 것을 보면서 공부하면 좋겠지만 우리가 돈을 마련할 수 없습니다. 못 보아도 좋으니 말로만이라도 설명해 주세요."

　저와 목사님 사이에 이런 대화가 계속되고 있는데 아내가 오더니 말했습니다.

"여보! 나 제주도 가보고 싶어요. 간다고 그래요."

이 말을 듣고 저는 저도 모르게 말했습니다.

"갈게요."

"할렐루야! 목사님! 언제 오실래요?"

저는 전화기를 막고 아내에게 물었습니다.

"여보! 언제 오냐고 물으셔."

아내가 빨리 대답하였습니다.

"철쭉꽃 필 때요."

제주도 철쭉은 세계적인 관광 상품입니다. 우리도 늘 보고 싶었는데 일부러 제주도 한라산으로 철쭉 보러 가기란 힘들었습니다.

목사님이 말했습니다.

"목사님, 5월입니다. 그때 날짜를 잡겠습니다."

드디어 5월이 되었습니다.

1993년 5월 18일부터 20일까지 철쭉 축제 기간에 제주도로 내려갔습니다. 188명의 목사님이 모였습니다. 은혜롭게 성막 강의를 3일 동안 하였습니다. 수요일 마지막 시간에 말했습니다.

"이제 성막 세미나를 마칩니다. 그러나 오늘 서울로 올라가지 않고 하루 더 있으려고 합니다. 내일 한라산에 올라가서 철쭉을 보고 저녁 비행기로 올라가려고 합니다."

이렇게 말했더니 등잔 밑이 어둡다고, 제주도에 살면서도 철쭉을 보지 못한 목사님들이 반 이상이었습니다. 많은 목사님들이 같이 가자고 하였습니다.

이튿날 아침에 모였습니다. 성막 세미나를 할 때 밥을 해주던 여자 집사님들도 왔습니다. 60명 가량이 되었습니다. 제가 제일 앞장섰습니다. 봄의 싱그러움이 물씬 풍겼습니다. 성막 공부하면서 들었던 정이 등산을 통해 더욱 즐겁게 해주었습니다.

즐겁게 어리목을 통과하여 계속 한라산을 올랐습니다. 언덕을 올라섰을 때 제일 먼저 올라간 저는 입을 다물 수가 없었습니다. 앞에 바다처럼 펼쳐져 있는 철쭉이 장관이었습니다. 전체가 철쭉 꽃밭이었습니다. 철쭉의 붉은 색깔과 주변의 푸르름이 어우러져 이루 말할 수 없는 아름다움이 감탄사를 저절로 나오게 하였습니다.

"와!"

내 뒤에서 따라 올라오던 아내도 입을 다물지 못하고 "와!" 외쳤습니다. 올라서는 이마다 같았습니다. 우리에게 밥을 지어 주던 여자 집사님이 뒤따라 올라와서 제 옆에 서더니 역시 외마디 비명을 질렀습니다.

"와!"

그렇게 입을 다물지 못하고 외치더니 갑자기 땅에 무릎을 꿇었습니다. 그리고 제 옆에서 이렇게 기도하였습니다.

"하나님! 철쭉꽃이 너무 아름다워 철쭉꽃에 빠져서 예수님을 잠깐 잊어버렸던 것을 용서하여 주옵소서!"

이렇게 기도하는 그의 모습은 천사 같았습니다. 저는 속으로 이런 생각을 하였습니다.

'저렇게 믿음 좋은 여자와 사는 남자는 얼마나 행복할까?'

그리고 다른 쪽에 있는 아내를 보았습니다. 아내는 그대로 서 있었습니다. 다음날 새벽 기도 시간에 무릎을 꿇고 주님을 부르며 기도를 시작하였습니다.

"주님!"

이렇게 불렀는데 주님이 나타나지 않고 그 집사님이 나타나는 것이었습니다. 한동안 그 집사님의 모습이 제 마음을 사로잡고 있었습니다. 지금은 세월이 흘러 그 집사님의 얼굴은 잊었습니다. 그러나 땅바닥에 무릎을 꿇고 그렇게 기도하던 모습만은 제주도 철쭉 이야기만 나오면 새삼스럽게 기억되고 있습니다.

❦ 만나교회 성막 세미나

20년 동안 성막 세미나를 하면서 가장 많이 등록되었을 때가 618명입니다. 성막 광고를 하였더니 그렇게 등록이 많이 되었습니다. 우리 교회에서 할 수가 없었습니다. 우리 기도원도 수용 불가능이었습니다. 그래서 '복음 8형제' 중에 맏형님이신 김우영 목사님에게 장소를 부탁하였습니다. 그리하여 분당 만나교회에서 하게 되었습니다.

1998년 8월 24일부터 26일까지 무더위 속에서 성막 공부가 계속되었습니다.

원근 각처에서 공부하겠다고 몰려드는 목사님들의 열성에 저는 새벽부터 밤까지 계속 강의하면서도 힘이 든 줄 몰랐습니다.

번제단 공부를 하며 부삽을 설명할 때였습니다.

> 부삽은 번제단에서 떨어지는 재가 어디에 있는지를 압니다. 그 재를 긁어냅니다. 그리고 재를 담는 통에 담아 버리게 합니다. 문제를 감당할 만한 능력은 없습니다. 그러나 문제를 알고 문제를 해

결할 능력이 있는 사람을 압니다. 그래서 문제를 해결합니다. 그런데 사랑하는 사람만이 문제를 압니다.

목사를 사랑하는 사람만이 목사의 문제를 볼 줄 압니다. 교회를 사랑하는 사람만이 교회의 문제를 압니다.

담임목사와 부목사는 차이가 많습니다. 저는 겨울에 추우면 난로를 핍니다. 그리고 좀 더워지면 기름이 아까워서 난로를 잠시 꺼 둡니다. 그러나 부목실에 가보면 난로를 뜨겁게 피워 놓고 덥다고 창문을 열고 있습니다. 저는 혼자 있을 때에는 큰 에어컨을 켜지 않습니다. 선풍기를 사용합니다. 그러나 부목사는 혼자 있어도 큰 에어컨을 틀어 놓습니다. 앞에 떨어져 있는 종이가 저는 보이는데 부목사는 보이지 않습니다. 쓸데없는 불이 켜져 있는 것이 제게는 보이는데 부목사는 보이지 않습니다.

이렇게 설명할 때였습니다. 중간에서 목사님 한 분이 모두가 들리게 큰소리를 질렀습니다.

"목사님! 부목이라고 다 그렇지 않아요."

그때 그 옆에 같이 와서 앉아 공부하던 담임목사님이 덩달아 소리 지르며 말했습니다.

"대부분 다 그래요."

모두가 폭소를 터뜨렸습니다.

여하간 성막 세미나 21년 중에 가장 많은 목회자가 등록하였던 세미나로 기록에 남아 있습니다.

❖ 신학생 성막 세미나

몇몇 신학교에서 학생회장으로부터 전화가 왔습니다.

"강 목사님! 우리 신학생들에게 방학을 이용하여 성막 세미나를 열어 주세요."

저는 너무나 기뻤습니다. 후배들을 기르는 보람을 가지게 되기 때문입니다. 제가 신학생 시절에 성막을 가르쳐 주었다면 저는 일찍 복음적으로 돌아섰을 것이라고 생각되었기 때문입니다.

갑자기 신학생 시절이 떠올랐습니다. 가난한 시골 교회 아버지 덕분에 아르바이트를 하였습니다. 가정교사로 들어가서 아이들을 가르치며 눈칫밥을 먹으며 살기도 하였습니다. 동생 요셉이와 청계천 4가에서 구두닦이도 하였습니다. 점심값이 없어서 감신 채플 뒤에서 남몰래 라면을 끓여 먹기도 하였습니다.

2학년을 중퇴하고 군에 입대하였습니다.

복학하면 등록금이 없을 것 같아서 치열한 전쟁이 벌어진 베트남전에 참전하였습니다. 그러면 등록금은 충분하였기 때문입니다. 제가 이 글을 써서 세상에 알려지기까지 제가 왜 베트남에 참전하였는지 알고 있는 사람은 이 세상에 아무도 없을 것입니다.

백마 27번째로 파견되었습니다.

부산 항구에 도착하니 1,200명이 같이 가는 것이었습니다. 미국 배였습니다. 영어 통역이 5명 필요하다고, 영어를 할 줄 아는 사람은 나오라는 것이었습니다. 그동안 열심히 영어 공부를 하였기에 앞으로 나가니 30명쯤 나왔습니다. 자신이 없어서 뒤에 섰습니다. 미국 사람은 앞사람부터 차례로 말을 걸어 보더니 모조리 불합격시키는 것이었습니다. 5명은 필요하다고 하면서 뒤에 있는 우리를 시험도 보지 않고 합격시켰습니다. 저는 의사 통역이었습니다.

당시 베트남에 가는 군인들은 오음리에서 따로 훈련을 받고 떠났습니다. 그런데 낮에는 훈련을 받았지만 밤에는 자유로웠습니다. 그래서 오음리 훈련소 주변은 온통 창녀가 득실거렸습니다. 밤마다 담을 넘나드는 군인들이 부지기수였습니다. 전쟁터로 차출되어 가는 군인들의 착잡한 스트레스를 성적으로 풀고 있었습니다. 또 본부에서도 그리 말리지 않는 편이었습니다. 어차피 죽으러 가는 이들이기 때문이었습니다.

성병이 배에서 나타나기 시작하였습니다. 그래서 성병으로 고생하는 군인들이 많았습니다. 눈을 뜨는 아침이면 온종일 성병 치료였습니다. 대부분은 성병으로 오기에 의사와 언어도 단순하여 통역도 쉬웠습니다.

미국 사람들과 친해지기 시작하였습니다.

• 예배

베트남까지는 부산 항구에서 9일 걸렸습니다. 주일이 다가 왔습니다. 내일 주일인데 군목이 없었습니다. 기도 중에 제가 인도해야 한다는 부담감이 들었습니다. 선장님에게 말했습니다.

"선장님! 내일이 주일입니다. 우리 한국은 40% 정도가 기독교인입니다. 500명 정도가 크리스천인데 내일 예배를 드리게 하여 주십시오."

선장이 웃으면서 말했습니다.

"나도 크리스천입니다."

그리고 저를 데리고 홀로 안내하였습니다. 1,000명쯤 들어가는 홀이었습니다. 여기에서 내일 예배를 드리라는 것입니다. 배에는 상관들이 많지만 예배를 허락받을 필요는 없다고 생각하여 독단적으로 밀고 나갔습니다.

토요일 마이크 방송을 하였습니다.

"전쟁터로 떠나는 여러분, 내일은 주일입니다. 하나님께 예배드리는 날입니다. 7층에 큰 홀이 있습니다. 선장님이 그 방을 내주셨습니다. 내일 11시에 그 곳에서 주일 예배가 있습니다. 예수님을 믿지 않는 분들도 오십시오. 생명을 지켜 달라고 기도하겠습니다."

그리고 저는 친구 몇 명을 불러 예배를 분담시켰습니다. 사회, 기도, 안내, 특송, 반주까지 완벽하게 예배 준비를 마쳤습니다. 물론 설교는 제가 맡았습니다. 하고 싶은 마음은 없었지만 어쩔 수 없었습니다.

주일 아침 다시 한번 마이크로 방송을 하였습니다. 11시가 되었을 때 저는 얼마나 올지 정말 궁금하였습니다. 그러나 막상 11시가 되고 났을 때 저는 깜짝 놀랐습니다. 안 온 사람 빼 놓고는 모두가 모였습니다.

1,000명 가량이 모였습니다. 1,000석 자리에 빈자리가 거의 없었다는 말입니다. 감격이었습니다. 지금 저는 무슨 설교를 했는지 전혀 기억에 없습니다.

그러나 분명한 것이 있습니다.

40여 년이 지난 지금까지 예배 순서를 맡았던 전우들이 형제처럼 지금도 모이고 있습니다. LA에 살고 있는 장충식은 모임이 있으면 미국에서부터 오고 있습니다.

광고 시간이었습니다.

한 사람이 손을 들고 외쳤습니다.

"강 병장님! 우리 배에서 할 일이 없는데 내일부터 새벽 기도도 합시다."

그래서 다음날부터 새벽 기도가 시작되었습니다. 물론 선장님도 좋아하셨습니다. 배에서 저를 모르는 이가 없었습니다. 식당에 가면 모두 저에게 먼저 먹으라고 양보해 주었습니다. 하나님 덕분에 배에서 가장 유명한 사람이 되었습니다.

베트남에 도착하였습니다. 그나마 영어를 제일 잘한다고 통역으로 보냈습니다. 전쟁터에서 전쟁을 하지 않았습니다. 그리고 영어를 갈고 닦을 수 있었습니다. 이것이 성막 공부를 할 수 있는 자질이 되었습니다.

하나님은 하려고 하는 자에게 할 수 있는 능력을 주시는 분입니다. 하나님은 무엇엔가 집착하는 사람에게 집착하는 것을 이루도록 길을 닦아 주시는 분입니다.

신학생들이 성막을 가르쳐 달라고 하면 저는 이런저런 생각이 주마등같이 지나갑니다. 그래서 신학생 성막 세미나는 무조건 무료입니다. 과부 사정은 과부가 알기 때문입니다. 개구리가 올챙이 적 시절을 모르면 안 되기 때문입니다. 앞으로도 그럴 것입니다.

최초의 번제 재현

성막으로 신약을 풀고, 성막으로 구약을 보는 수건을 벗기는 공부는 참으로 재미있게 진행되고 있었습니다.

어느 날 목사님 한 분이 제게 이런 제안을 하였습니다.

"강 목사님! 소, 양, 염소 그리고 비둘기를 레위기 제사법 그대로 한번 잡아 주시면 그 복잡한 레위기가 열릴 것 같습니다. 짐승의 죽음과 예수님의 죽음, 짐승 피와 예수 피의 관계성을 직접 현장에서 설명해 주시면 얼마나 좋을까요?"

저는 멋진 아이디어라고 생각했습니다. 그래서 준비에 들어갔습니다. 그러나 수많은 문제들이 발견되었습니다.

제물부터 문제였습니다.

소를 잡자니 200만 원 이상 들어가게 되었습니다. 그리고 소를 잡을 사람도 없습니다. 죽이는 방법도 모릅니다. 소, 양 그리고 염소는 잡아서 각을 뜨고 번제단에 불태우는 것이 같았습니다. 셋 중에 하나만 하면 되기에 양 한 마리를 잡기로 하였습니다. 그리고 비둘기 잡는 법은 다르기에 비둘기도 한 마리 잡기로 하였습니다.

장소도 문제였습니다.

우리 교회가 뜰이 없기에 앞에 있는 공원을 빌리기로 하였습니다. 밤에 400여 명을 모아 놓고 긴 시간 행사를 치러야 합니다. 더구나 도시에서 불을 피워야 합니다. 그래서 구청에 정식으로 행사 계획서를 올리고 허락을 받았습니다. 그리 어렵지 않았습니다.

날짜와 시간과 장소를 신문에 광고하였습니다. 여기저기에서 목사님들로부터 전화가 걸려 왔습니다. 비디오 녹화를 해도 되느냐는 문의였습니다. 한국에서 처음 있는 것이니까 녹화하여 교인들에게 보여주고 싶다는 것이었습니다. 대략 60명 정도 목사님들이 그런 문의를 하셨습니다. 우리는 어설프게 하지 말고 연습을 하자고 하였습니다.

우리 목회자들이 모이기가 쉽고, 성막을 완전히 이해하고 있기에 목회자들이 배역을 맡기로 하였습니다. 죄인 역을 맡은 목회자부터 문제가 생겼습니다. 제가 대본을 쓸 때 간음죄를 지은 것으로 썼습니다.

양을 끌고 와서 양 위에 안수하면서 고백해야 합니다.

"저는 간음죄를 지었나이다. 제가 지은 간음죄를 이 양에게 전가시킵니다. 안수하지 않은 동물은 동물이고, 안수한 동물은 제물이 될 줄로 믿습니다."

죄인이 주인공입니다. 그런데 안 하겠다고 하였습니다. 그 이유를 물었습니다.

"60명의 목사님들이 녹화해 가지고 가서 100명씩만 보아도 6,000명인데, 그들이 이후에 저를 볼 때 간음죄가 생각나면 안 됩니다."

저는 물었습니다.

"그러면 무슨 죄로 바꾸어 줄까요?"

"살인죄로 바꾸어 주세요."

"마음대로 하세요."

그래서 살인죄를 지은 것으로 수정하였습니다.

또 문제가 보였습니다.

짐승을 잡고 보니 피가 5분 정도 지나면 응고되어 번제단에 뿌릴 수 없게 되었습니다. 의사에게 문의하였습니다.

"간단합니다. 피가 응고되지 않게 하는 약품이 있습니다. 한 병에 4만 원입니다. 반 정도면 충분할 것입니다."

그래서 피 문제가 해결되었습니다.

모든 준비를 마치고 드디어 약속한 날이 되었습니다.

한국 최초의 번제 의식 재현이라 관심이 많았습니다. CTS TV에서도 와서 녹화를 시작하였습니다. 400여 명이 모여서 캄캄한 밤에 성막을 주시하고 있었습니다.

죄인이 양을 끌고 등장하였습니다. 살인죄를 지었으니 이 죄를 양에게 전가시킨다고 선언하였습니다. 물론 두 손을 얹고 하였습니다. 그리고 칼을 들었습니다. 성경에는 죄인이 직접 제물을 죽이게 되어 있습니다. 그래서 직접 양의 목을 칼로 찔렀습니다. 양은 소리를 질렀습니다.

"매……."

그 순간이었습니다. 모두가 눈물을 닦기 시작하였습니다. 흐느끼는 소리가 여기저기에서 들리기 시작하였습니다. 갑자기 누군가 큰 소리로 울었습니다. 울음바다가 되었습니다.

어떤 이는 땅에 주저앉아 울었습니다. 모두가 울고 있었습니다. 그곳은 공원이었습니다. 지나가던 사람들이 이 모습을 보았습니다. 누군가가 경찰에 신고하였습니다.

"여기 이상한 종교 집단이 있습니다. 양 한 마리를 잡으면서 모두 울고 야단입니다. 해산시키십시오."

경찰이 동원되었습니다. 핸드 마이크를 들고 소리를 질렀습니다.

"무엇하는 겁니까? 헤어지십시오."

"무엇하는 겁니까? 헤어지십시오."

"무엇하는 겁니까? 헤어지십시오."

번제 재현은 수라장이 되고 말았습니다. 우리 장로님들 몇 명이 발빠르게 경찰에게 달려가 설득을 시도하였습니다. 다행스럽게 이해가 되었는지 돌아갔습니다. 위기의 순간을 넘겼습니다.

수많은 이야깃거리를 남겼습니다.

저도 모르게 일어난 조그만 사건이 있었습니다.

우리 교회 남선교 회원들이 번제를 드리기 전에 죄인 역을 맡은 목회자에게 부탁하였습니다.

"양을 불태워 버리기가 아깝지요. 각을 떠서 태우려고 번제단에 던질 때 던지는 척하고 빼돌리세요. 끝나고 우리가 요리하여 먹고 싶어요."

그렇게 하기로 약속을 하였습니다.

그래서 번제 예식을 하면서 번제단으로 던지는 척하고 몰래 옆으로 내려놓았습니다. 눈물로 뒤범벅이 된 사람들은 그런 것에는 관심이 없었습니다.

나중에 옆에 모아 놓았던 양고기를 주면서 말했습니다.

"약속대로 빼돌렸습니다."

그러나 눈에 눈물이 맺히도록 울던 남선교 회원들이 고개를 저으며 말했습니다.

"죄 묻은 고기 안 먹으렵니다."

그래서 다 불태우고 말았습니다.

연극을 보기 전과 보기 후가 그렇게 다를 수가 없었습니다.

독일에서 목사님 한 분이 한국을 방문하였습니다.

번제 예식 재현이 있다는 말을 듣고 한국 목사와 같이 와서 관람을 하고 큰 은혜를 받았습니다. 예수님께서 십자가에 못 박혀 우리를 위해 죽으셨다는 것이 어떤 것인지 실감하였습니다. 그분이 독일로 돌아가서 재현하였습니다. 그리고 편지를 보내 왔습니다.

"강 목사님! 한국에서 저는 십자가의 복음을 처음으로 진하게 만났습니다. 독일로 돌아와서 저도 교인들을 모아 놓고 번제를 재현하였습니다. 목사님처럼 하다가 혼났습니다. 경찰에 고발되어 동물 보호법에 걸려서 벌금형을 받았습니다."

전주에서 오신 목사님도 사연이 있었습니다.

큰 은혜를 받고 우리 성막 담당 장로님에게 부탁을 하였습니다.

"장로님! 복음이 정확합니다. 전주에 가서 성도들을 모아 놓고 번제 예식을 하고 싶습니다. 피가 응고되지 않게 하는 남은 약을 저를 주십시오. 반만 사용하였다고 목사님에게 들었습니다."

우리 장로님이 말했습니다.

"안 됩니다. 우리 목사님이 다음에 다시 한번 한다고 하셨습니다."

"우리 교회는 의사가 없어서 살 수가 없습니다. 주십시오."

우리 장로님은 기어코 주지 않았습니다. 나중에 보고를 받고 아쉬운 마음이 들었습니다.

목회자들이 흰 기운을 입고 연극을 하다 보니 흰 가운에 피가 여기저기 묻었습니다. 예배위원장 장로님이 가운을 가지고 세탁소에 가서 맡기면서 말했습니다.

"피를 제거해 주십시오."

세탁소 주인이 장로님 귀에 대고 살그머니 말했습니다.

"갈보리교회 목사님들이 어젯밤에 대판 싸웠군요."

장로님이 놀라서 대답하였습니다.

"아니오."

"그런데 왜 목사님들의 성스러운 가운에 피가 묻었어요?"

"이것은 사람 피가 아니라 양 피입니다."

"왜 목사 가운에 양 피가 묻었나요?"

그래서 우리 장로님이, 목사님이 성막을 연구하여 번제 예식을 했다는 이야기를 자초지종 다 말해 주었습니다. 주인이 말했습니다.

"강문호 목사님 괴상하군요."

장로님이 말했습니다.

"우리 목사님이 괴상한 것이 아니라 비상해요."

첫 번제 예식 재현이 잘 끝났습니다. 그후 많은 목사님들이 더 보고 싶다고 요청을 하였습니다. 그러나 너무나 끔찍하여 할 수가 없었습니다. 21년 동안 세 번 하였습니다.

성막은 복음을 알려주는 확실한 뿌리입니다.

5. 무료 세미나를 열게 된 동기

외국에 10일 다녀오니 편지가 산더미처럼 쌓여 있었습니다. 사무원이 옆에서 한 장 한 장 열어 주었습니다.

저는 일일이 읽으며 버릴 것은 버리고, 필요한 것은 책상 옆에 두었습니다. 분류하다 보니 강원도 어느 목사님으로부터 이런 편지가 와 있었습니다.

> 강 목사님! 우리 교회는 개척 교회입니다. 세미나에 참석하고 싶은데 돈이 없습니다. 무료로 공부 좀 시켜 주세요. 언젠가는 우리 교회도 커질 것입니다. 꼭 갚겠습니다.

여기까지는 흔히 있는 편지입니다. 그런데 그 다음이 달랐습니다.

> 그런데 강 목사님!
>
> 무료로 오라고 해도 교통비가 없어요. 교통비 좀 보내 주세요.

저는 이 편지를 읽으면서 속으로 외쳤습니다.

'정말 뻔뻔한 사람이다.'

그리고 편지를 쓰레기통에 버렸습니다. 편지들을 다 점검한 후에 밖으로 나가 일을 하였습니다. 사무실로 다시 들어왔습니다. 쓰레기통 위에 편지 한 장이 놓여 있었습니다. 다시 집어 읽었습니다. 그 편지였습니다. 읽을 때에는 뻔뻔하게 생각되었는데 다시 읽으니까 이런 생각이 들었습니다.

'오죽 공부하고 싶으면 그럴까?'

그래서 저는 팔짱을 끼고 안락의자에 기대어 곰곰히 생각하다가 여선교회장에게 전화를 하였습니다.

"최 장로님! 목사님들 2박 3일 6끼, 200명의 목사님의 식사를 준비하려면 얼마 정도 들까요?"

"왜요?"

"한국에 미자립 교회가 48%입니다. 무료 세미나를 만들어야겠어요. 하나님이 우리 교회에 주신 사명이에요."

여선교회장이 조금 생각하더니 말했습니다.

"300만 원 정도면 할 것 같아요."

"알았어요."

다음 주일 저는 2부 예배에서 그 편지를 읽었습니다. 교통비를 보내 달라는 글을 읽을 때 교인들은 까르르 웃었습니다. 그때 제가 말했습니다.

"저도 처음에는 웃었습니다. 그런데 다시 읽어보고 다시 생각해 보니 그게 아니었습니다. 얼마나 공부하고 싶으면 그렇겠습니까? 300만 원이면 200명의 목사님들을 모실 수가 있습니다. 제가 평생 누구에게 돈을 달라고 그래 보았나요? 제가 돈 달라고 전화하기 힘들어요. 전화하고 가만히 있으면 알아서 '300만 원 드릴게요' 라고 말할 수 있는 사람은 이름을 적어 헌금함에 넣고 가세요."

이렇게 간단하게 호소하였습니다.

그리고 제 사무실로 올라와 앉아서 혼자 생각해 봅니다.

'김 장로님은 틀림없이 썼을 것이다. 항상 목회자가 하는 일에 동참하였다. 이 권사는 고민할 것이다. 돈은 없고 일에는 동참하고 싶고……. 이 집사는 돈은 많은데 짠 사람이라 모르는 척할 것이다……. 만일 12명이 썼으면 한 달에 한 번 정도 하고 싶다. 24명이면 2년은 할 것이다.'

이런 생각을 하면서 1시간 가량 지났습니다. 재정부장님이 명단을 가지고 들어왔습니다. 저는 명단을 받고 놀랐습니다. 모두 113명이었습니다.

첫 생각은 이런 것이었습니다.

'한꺼번에 받을까? 그러면 3억 원이 넘으니까 이자만 가지고도 능히 할 수 있을 것이다."

그러나 다시 마음을 고쳤습니다.

'순수하자.'

그리고 지금도 한 명 한 명에게 호소하며 무료 세미나를 하고 있습니다. 무료 세미나를 할 때마다 늘 즐겁습니다.

❋ 돈 미카 랍비 초청

성막 세미나가 무르익으면서 이스라엘 랍비 중에 성막 성전의 최고인 랍비 돈 미카를 초청하게 되었습니다.

하나님은 하려고 하는 자에게는 할 수 있는 능력을 주십니다.

성막 세미나에 오신 분들에게 몇 번 광고했더니 세미나 인원이 조직되었습니다. 광고 없이 되어져 가는 국제 세미나였습니다.

통역을 맡은 분을 데리고 오겠다는 조건입니다. 두 분의 왕복 비행기표, 두 분의 거마비, 두 분의 체류비는 만만치 않은 비용이었습니다. 그만큼을 세미나에 오시는 분들에게 부담시키기 곤란하였습니다. 오시는 분들이 기절할 것 같았습니다. 그래서 교회에서 모자라는 비용을 보충하기로 하였습니다.

도중에 헌금으로 보충할 생각은 아예 하지 않았습니다.

성막 세미나 21년 동안 전통이 있습니다. 단 한 번도 헌금을 한 적이 없습니다. 목사님들만 오시는 것이 원칙으로 되어 있습니다.

목사님들은 자기 목장이 있습니다. 사실 자기 목장을 관리하는 것만도 큰일입니다. 그래서 헌금은 본 교회에 하는 것을 원칙으로 하였습니다.

물질 문제는 모두 하나님께 맡겼습니다. 그리고 21년 동안 헌금을 한 번도 하지 않았습니다. 그 원칙은 앞으로도 지켜질 것입니다.

세미나를 마쳤습니다. 돈 미카 랍비가 말했습니다.

"한국에 또 오고 싶습니다."

목사님들이 말씀하셨습니다.

"이런 세미나를 가끔 만들어 주십시오."

제 속을 양쪽에서는 모르고 있었습니다. 그러나 양쪽이 다 만족하는 것으로 저는 만족하였습니다. 그리고 기회만 있으면 또 봉사하려고 합니다.

6
별다른 사람 이야기

❖ 남회우 목사

　성막 세미나에 참석하셨던 목사님들 중에 잊을 수 없는 목사님이 있습니다. 남회우 목사입니다.
　성막 세미나 3일째 되는 날이었습니다. 휴식 시간이었습니다. 점심시간은 일반적으로 약 1시간 반 정도 됩니다. 남 목사님이 갑자기 제 앞에 나타났는데 깜짝 놀랐습니다. 머리를 모두 깎고 나타난 것이었습니다. 그리고 손에는 종이가 들려져 있었습니다.
　"강 목사님! 바울처럼 머리를 깎고 왔습니다. 나 5가지를 결심하였습니다. 이 종이는 혈서입니다. 손가락을 조금 잘라 피를 냈습니다. 들어 보십시오."
　몇 가지는 프라이버시라 공개할 수 없습니다. 그러나 그중에 이런 것이 있었습니다.

"우리 교회가 지금 30명 모이는데 100명 모일 때까지 강대상에서 잔다. 그리고 100명이 모이면 목사님을 모시고 부흥회를 연다."

그리고 그 혈서를 저를 주는 것이었습니다. 기도해 달라는 의미였습니다. 저는 지금도 그 혈서를 보관하고 있습니다. 1년 후 전화가 왔습니다.

"목사님! 우리 교회가 100명이 넘었습니다. 오셔서 부흥회를 열어 주십시오."

저는 이렇게 답장을 하였습니다.

> 목사님! 축하합니다. 진심으로 축하합니다. 그런데 부흥회만은 갈 수가 없습니다. 부흥회 요청을 일 년에 700교회에서 받고 있습니다. 다 가려면 하루에 두 교회씩 가야 합니다. 미안합니다.

그리고 축하만 해주었습니다. 인상 깊은 목사입니다.

🌸 우한나 목사

우리 성막 세미나에 제일 많이 오신 목사님은 우한나 목사입니다. 37회 참석하였습니다. 그리고 성막을 완전히 자기화시켰습니다. 33번째 올 때였습니다. 예수님의 나이와 같은 기념이라는 생각이 들었습니다. 그래서 330만 원 헌금을 가지고 참석하였습니다.

성막 복음이 좋아서 성막 복음만 전한다는 것입니다. 잊을 수 없는 목사님입니다.

20년 동안에 번제를 직접 세 번 재현하여 보았습니다. 두 번째 재현하려고 할 때였습니다.

"목사님! 제가 죄인 역을 맡으면 안 될까요?"

"왜요?"

"제가 그렇게 죄 많은 여자이지 않습니까? 제가 청계천에서 제일 큰 술집에서 마담으로 일했습니다. 여자들이 250명이었습니다. 매일 밤 제가 하는 일은 술 마시러 오는 손님에게 여자를 짝지어 주는 역할입니다. 남자들은 저에게 좋은 여자를 소개해 달라고 팁을 줍니다. 여자들은 팁 많이 주는 좋은 남자를 소개해 달라고 받은 돈에서 많은 부분을 제게 주겠다고 제안합니다. 그래서 하루에 1천만 원씩 벌었습니다. 특별히 저와 하룻밤 지내려는 남자들은 엄청난 돈을 주곤 하였지요. 이루 말할 수 없이 음란했던 저입니다. 제가 죄인 역할을 맡아서 번제 예식을 직접 하고 싶습니다."

저는 신기하여 말했습니다.

"멋진 아이디어예요."

우한나 목사님은 번제 예식을 앞두고 3일 금식을 하였습니다. 모든 죄를 회개하였습니다. 번제물로 사용할 양도 자기 돈으로 준비하였습니다.

그날 기도원은 폭동이 일어난 것 같았습니다. 산속 빈 공간이 없었습니다. 자동차로 덮였습니다. 동네 사람들이 와서 난동을 부렸습니다. 동네 사람들이 나갈 수도 없고 들어올 수도 없게 되었기 때문입니다.

그날 밤 그 예식에서 우한나 목사님은 과거의 죄를 회개하며 얼마나 울었는지 눈이 퉁퉁 부을 정도였습니다. 우 목사님은 그날 진심으로 회개하였습니다. 양에 자기의 죄인 음란을 전가시키고 직접 잡아 들였습니다.

우 목사님은 그 날을 자기 영적 생일로 지금까지 지키고 있습니다.

❦ 김갑용 목사

성막 공부를 하신 목사님 가운데 또 잊을 수 없는 분이 김갑용 목사님입니다. 안양 양의문교회에서 목회하고 계십니다.

성막 공부를 하면서 저는 브라질에 있는 데오르 디 아모르 교회 이야기를 하였습니다. 그 교회에서 사역하고 계시는 미린다 목사님의 서재에 붙은 글을 소개하였습니다.

> "목사가 불이 있어야 성도가 불구경 온다."
> "성도가 불이 있어야 불신자가 불구경 온다."
> "사도행전 1장부터 8장까지는 베드로가 썼고, 사도행전 9장부터는 바울이 썼는데, 사도행전 28장부터는 내가 쓴다."

그 교회가 그렇게 기사와 이적을 일으키는 교회가 된 것은 미린다 목사님의 이런 목회 철학 때문이라고 말했습니다.

김 목사님은 집으로 돌아가 사무실에 대문짝만하게 써놓았습니다.

"목사가 불이 있어야 성도가 불구경 온다."

그리고 6개월 동안 사무실에서 잤습니다. 그리고 특별새벽기도를 40일 동안 하였습니다. 새벽 기도에서 나온 헌금 800만 원을 모두 저에게 가지고 왔습니다.

"강 목사님! 은혜 받고 첫 집회 헌금을 모두 가지고 왔습니다. 선교비로 사용해 주십시오."

저는 그 헌금을 우리 교회 선교지인 파나이 섬에 보냈습니다. 가난하여 교회도 짓지 못하고 망고나무 그늘에서 예배드리고 있는 마을에 보내어 교회를 건축하였습니다.

지금은 100여 명 모이는 교회가 되었습니다.

✤ 김우영 목사

성막 공부를 하고 돌아가신 목사님 가운데 잊을 수 없는 분이 또 한 분 계십니다. 저에게 가장 많은 요청이 있습니다. 개척 교회 목사님들이 이런 편지를 종종 주고 있습니다.

"강 목사님! 우리 교회는 개척 교회입니다. 세미나에 참석하고 싶은데 돈이 없습니다. 무료로 공부 좀 시켜 주세요. 언젠가는 우리 교회도 커질 것입니다. 꼭 갚겠습니다."

저는 그런 목사님들은 항상 같이 공부하도록 하였습니다. 매번 몇 분이 있습니다. 성막 세미나를 마쳤습니다.

곤지암 성막 수양관은 깊은 산속입니다. 옛날 조선 시대의 강씨 유배지였습니다. 그런 깊은 산속에서 세미나를 할 때면 새들의 잔치가 벌어집니다. 음식 찌꺼기를 먹으려고 새들이 몰려듭니다. 성막 세미나를 마치고 나면 두 시간 안에 모든 분들이 집으로 돌아갑니다. 그리고 다시 한적을 되찾게 됩니다.

그때도 그랬습니다. 세미나를 마치고 나서 저는 관리인을 데리고 4층부터 점검하고 있었습니다. 건물을 하나하나 돌보기 위해서입니다. 세미나를 마치고 나면 수양관이 지저분합니다. 그래서 일일이 점검하는 시간입니다.

그런데 이상하게도 4층이 깨끗하였습니다. 누가 벌써 청소를 다 해 놓았습니다. 3층으로 내려갔습니다. 역시 방마다 말끔하였습니다. 지금까지 200번 넘게 성막 세미나를 하였어도 끝나고 나서 이렇게 깨끗한 것은 처음이었습니다. 이상하게 여기며 2층 방을 점검하고 있었습니다.

한 방에서 목사님 한 분이 화장실 청소를 하고 계셨습니다. 저는 놀랐습니다. 그리고 그동안의 의심이 다 풀어졌습니다. 저는 물었습니다.

"목사님! 목사님이 4층부터 청소하며 내려오셨어요?"

목사님은 멋쩍게 웃으며 말했습니다.

"네."

"지금까지 이런 일은 처음입니다. 세미나 마치고 목사님들이 돌아가시기에 바쁜데 어째서 이렇게 남아서 청소를 하십니까?"

"사연이 있습니다. 제가 목사님에게 무료로 공부하게 해 달라고 전화를 드렸습니다. 이상하게도, 목사님은 저를 아는 것처럼 즉각 승낙해 주셨습니다. 그래서 이렇게 성막 공부를 하게 되었는데, 공부하면서 큰 은혜를 받았습니다. 3일이 한 순간이었습니다. 마지막 시간이었습니다. 공부하는데 하나님께서 말씀하셨습니다.

'너는 무료로 공부만 하고 그냥 갈 작정이냐?'

'무슨 말씀입니까?'

'은혜를 갚고 가라.'

'돈도 없는데 어떻게 은혜를 갚나요?'

'몸으로 일해라. 청소가 있지 않니?'

그래서 청소를 하게 되었습니다."

제가 물었습니다.

"이름은요?"

"교단은요?"

"교회 사정은요?"

일일이 물었습니다. 그가 대답하였습니다.

"교회를 짓다가 4천만 원이 없어서 중단하고 있습니다."

저는 제 자신도 모르게 1초도 지나지 않아 이런 말이 튀어나왔습니다.

"제가 드릴게요."

목사님은 놀라는 것이었습니다. 마침 한 분이 자기 회갑 기념으로 교회를 세워 달라고 요청하는 분이 있어서 물색 중이었습니다. 연결시켜 주었습니다. 평생 잊을 수 없는 분입니다.

✤ 김상수 목사

간암 혹이 9cm가 들어 있어서 이제 죽음만을 기다리던 목사입니다. 성막 세미나에 참석하였습니다. 짐승의 피와 예수님의 피를 비교하면서 공부할 때 보혈의 능력이 그에게 임하였습니다.

짐승의 죽음이 예수님의 죽음의 예표임을 확인할 때 보혈이 그에게 임하였습니다. 김 목사님은 세미나를 마치고 집으로 돌아가서 결심하였습니다.

"죽기까지 보혈 설교만 하자."

저는 제가 피곤하거나 교인들이 영적으로 피곤을 느끼면 보혈 설교를 하였습니다. 그동안 피 설교한 것을 모아서 《피 흘림이 없은즉》이라는 설교집을 출판하였습니다.

김 목사는 그 책을 사 가지고 가서 한 편 한 편 설교를 모두 소화시켜서 설교하기 시작하였습니다. 3개월이 지났습니다.

몸이 가벼워지는 것을 느꼈습니다. 병원으로 가서 재검진을 하였습니다. 며칠 후 결과를 보러 갔습니다. 의사가 말했습니다.

"암 세포가 모두 사라졌습니다. 기적이 일어났습니다."

그는 병원에서 나오자마자 제게 전화를 하였습니다.

"형님이 제 병을 고쳐 주셨어요."

제가 말했습니다.

"김 목사는 목사가 되어서도 누가 병 고쳐 주었는지 몰라? 모든 영광을 하나님께 돌려요."

그가 말했습니다.

"죄송해요. 모든 영광을 하나님께 돌려드립니다."

그는 성도들과 함께 성막을 25분의 1 크기로 만들었습니다.

"성막 공부를 하다가 간암을 고쳤으니 성막을 만들어 기념하고 싶다."

그가 말했습니다. 그리고 그 성막을 제게 기증해 주었습니다. 그러고는 종종 세미나에 와서 찬송 인도도 하고 간증도 해주었습니다. 지금은 미국으로 가서 성막 세미나 강사로 크게 활동하고 있습니다.

🌸 단영자 목사

　성막 세미나에서 오신 목사님들 중에 잊을 수 없는 목사님이 또 있습니다. 단영자 목사입니다.

　우리 교회는 송파구 가락동에 있었습니다. 교회와 수양관을 동시에 운영하고 있었습니다. 11년 동안 그렇게 하다 보니 교인들의 협력이 나태해졌습니다.

　19년 동안 230회 성막 세미나를 하면서 약 35,000명의 목사님들이 다녀가셨습니다. 한국 최장수 세미나가 되었습니다. 세미나에서 나온 물질, 세미나 하면서 팔린 책 이익금 모두 하나님의 것입니다. 19년 동안 단 10월도 건드려 본 적이 없습니다. 아예 본 적도 없습니다. 전체가 하나님의 것입니다.

　그래서 파나이 섬에 230개 교회를 지었습니다. 건축만 230개입니다. 세미나 3일 강의를 하고 나면 저는 2kg 정도 몸무게가 빠지는 것이 보통입니다. 너무나 힘들기 때문입니다. 새벽 5시 30분부터 10시까지 강의한다는 것은 그리 쉬운 일이 아닙니다. 말하는 저도 힘들고, 하루 종일 앉아서 듣는 목사님들도 고역입니다.

　그래도 끝나고 가면 모두가 눈 온 날 강아지처럼 좋아하였습니다.

　그런데 교인들의 협력이 줄어들기에 저는 속으로 서운하였습니다. 방법을 찾았습니다.

　'그렇다. 교인들 앞에서 수고하자. 다같이 땀 흘리자. 그리고 함께 공동 우승하자.'

　그래서 종합관 건축 구상에 들어갔습니다. 본당은 물론, 숙소, 세미나실, 결혼식장까지 겸한 건물을 짓자고 구상하였습니다. 그래서 땅을 물색하였습니다. 건물을 찾았습니다. 그러나 엄청난 부동산 값은 감히 도전을 할 수 없게 막았습니다.

그러던 중에 자양동 머릿돌교회가 부도로 어려움을 당하여 공매로 다락방교회로 넘어갔습니다. 그러나 인수받은 교회가 제대로 운영하지 못하는 것을 알았습니다. 그 교회를 우리가 125억 원에 사게 되었습니다.

저는 제가 살던 집을 내놓았습니다. 5억 5천만 원을 은행에서 대부 받아서 첫 예물로 드렸습니다. 계약금에 포함되어 20억 원을 지불하였습니다. 그때 그 돈은 있던 집을 드린 것이고 헌금도 드리고 싶었습니다. 1억 원을 작정하였습니다. 계약부터 잔금 지불까지가 120일이었습니다. 그 기간 동안에 생긴 돈을 모두 하나님께 드렸습니다. 8,400만 원을 드렸습니다. 1,600만 원을 아직 드리지 못하였습니다.

새 건물에서 첫 성막 세미나가 열렸습니다. 이때 참석한 분이 단영자 목사님입니다.

저는 세미나 도중 1,600만 원을 아직 드리지 못하여 부담스럽다는 말을 하였습니다. 단 목사님이 채워 주셨습니다. 그래서 첫 세미나를 통하여 1억 원을 다 드릴 수가 있었습니다. 고마우신 목사님이고 물질적으로 어려울 때 크게 도와주신 분입니다.

🎗 임봉대 목사

임봉대 목사님은 성막 세미나를 통해 만난 목사님들 중에 잊을 수 없는 분입니다.

우리 교회 성막 세미나에 참석했다가 독일에 한인 교회 목회자로 부임하였습니다. 석류 강의를 듣고 석류 알을 세어 본 목사님입니다. 성막 세미나 중에 대제사장복 밑에 달린 석류 알은 바로 성도들의 모습이라고 설명하였습니다. 그런데 한국에서 생산된 석류 알을 세어 보니 80개 정도의 알이 들어 있었고, 미국에서 석류를 가져다가 세어 보니 625개의 알이 들어 있었다고 설명하였습니다. 그러면서 한국 석류는 개척 교회 같고, 미국 석류는 대형 교회와 소형 교회의 중간 정도라고 말했습니다.

임 목사님이 독일로 돌아가서 편지를 보내왔습니다.

"강 목사님! 독일에 와서 석류 알을 세어 보니 791개입니다. 저는 우리 교회 교인들이 791명이 되게 기도합니다. 같이 기도해 주세요."

며칠 후 저는 네덜란드 성막을 방문하였습니다. 임 목사님이 독일에서부터 네덜란드 성막까지 저를 만나러 왔습니다. 성막으로 맺은 관계가 점점 두터워졌습니다.

그후 임 목사님은 독일에서 목회를 잘하시다가 미국 시애틀로 부임하였습니다. 마침 시애틀에서 성막 세미나를 가지게 되었습니다. 하루 종일 강의하고 피곤한 몸으로 밤에 마지막 시간을 마쳤습니다.

임 목사님이 말했습니다.

"강 목사님! 시애틀에 정말 맛있는 아이스크림 집이 있습니다. 같이 가셔서 맛 좀 보세요."

저는 아이스크림을 좋아하였습니다. 그래서 아이스크림 집으로 갔습니다. 1달러짜리 아이스크림이었습니다. 아이스크림을 입에 물고 있는데 임 목사님이 물었습니다.

"강 목사님! 강 목사님이 성막 하나를 깊이 파서 성막 세미나를 만들어서 그렇게 보람있게 일하는 것처럼, 나도 성경을 깊이 연구하여 세미나 할 수 있는 아이템을 하나 주세요."

저는 웃으면서 말했습니다.

"그렇게 귀한 것을 아이스크림 하나로 되나?"

저는 임 목사님의 진지한 자세에 속으로 감탄하고 있었습니다. 그래서 그동안 마음에 품고 있던 이야기를 하였습니다.

"임 목사! 사실 나는 성막을 깊이 팠어. 아마도 내가 한국에 살고 있는 한 성막 분야에서 나를 능가할 사람은 한국에 없을 거야. 누가 780권의 성막 원서를 모을 수 있겠어? 누가 책을 거의 100권 가량 쓰고 번역할 수 있겠어? 누가 세미나로 35,000명의 목사님을 모을 수 있겠어?"

"그래요."

"그런데 나에게 지금 다시 세미나를 하나 더 만들라고 한다면 만들고 싶은 것이 있어."

임 목사는 눈이 커지면서 물었습니다.

"그게 무엇입니까?"

"사실 나는 방주를 구원론과 연결시켜서 연구하고 싶어."

임 목사는 탄성을 올렸습니다.

"그것 참 좋겠네요."

"90분 강의 12시간이면 3일 세미나야. 세계에 있는 방주에 대한 자료를 책, 논문, 비디오, CD, 그리고 그림, 사진, 하여간 할 수 있는 만큼 모아 봐. 그 다음에 분석에 들어가. 그리고 12과목을 만들어 봐. 멋진 세미나가 될 거야."

임 목사는 얼굴에 미소를 띠었습니다.

그후 5년이 흘렀습니다. 임 목사에게서 편지가 왔습니다.

강 목사님!

5년 동안 방주를 깊게 연구하여 목사님 말씀대로 90분 강의 12과목을 만들었습니다. 보내드립니다. 검토하여 주십시오.

저는 12과목을 읽어 보았습니다. 사진, 그림은 물론 내용이 탁월하였습니다. 저는 한국에서 방주 세미나를 열어 보려고 구상하였습니다. 그래서 한국 여자 기도원 원장님들만 모이는 세미나를 열었습니다. 그리고 임 목사에게 편지를 하였습니다.

이번에 기도원 원장님들만 100여 분 모이게 하였습니다. 방주 세미나를 잘하면 한국에 금방 퍼질 것입니다. 이번에는 임 목사님을 위하여 하는 것이니 강사비는 받지 말고, 비행기 표만 끊어 줄 터이니 와서 강의를 해보시오.

드디어 기다리던 방주 세미나가 열렸습니다. 모두가 큰 은혜를 받았습니다. 강의 내용도 좋았지만 강의 방법도 탁월하였습니다.

비행기 표 영수증을 달라고 하였습니다. 인터넷으로 들어가서 가장 싼 비행기 표를 사가지고 들어왔습니다. 그런 자세가 저는 너무 좋았습니다. 그래서 비행기 표와 약속하지 않은 강사비까지 두둑이 지불하였습니다. 임 목사님은 지금도 미국에서 방주 권위자로 활동하고 있습니다.

성막 세미나의 보람입니다.

🌟 정찬희 장로

　성막 세미나에는 주로 목사님들이나 신학생들이 옵니다. 그리고 일부러 그렇게 분위기를 만들었습니다. 평신도들은 목사님으로부터 배우면 되기 때문입니다. 그리고 평신도들을 자기 교회로 끌어들이는 것은 다른 목사님들에게 실례가 되는 것으로 여기고 살아왔습니다.
　그러나 종종 평신도들 중에 성경 공부에 남다른 열정을 가지고 있는 이들이 성막 세미나에 참석합니다.
　그중의 한 분이 여의도순복음교회 정찬희 장로 부부입니다. 저는 지금까지 부부가 떨어져 다니는 것을 본 적이 없습니다. 어디에서 그를 만나든지 꼭 같이 있는 분입니다. 마치 성경의 브리스길라와 아굴라 같은 부부입니다. 성경에 이들 이름이 몇 번 나오는데 한 번도 떨어져서 나온 곳이 없습니다.
　성막 공부를 한 후에 그분은 7천만 원을 가지고 제게 오셨습니다.
　"목사님! 저는 손자 손녀가 7명입니다. 이들의 축복을 위하여 이들의 이름으로 교회를 일곱 곳에 세우고 싶습니다."
　드디어 일 년 만에 일곱 교회 건축을 마쳤습니다. 온 가족들이 현지에 가서 봉헌 예배를 일일이 드렸습니다. 일생에 가장 큰 보람이라고 말씀하셨습니다.
　그후 성막 세미나를 할 때면 과일을 사가지고 와서 공부하시는 목사님들을 격려해 주셨습니다. 때로는 오셔서 책을 한 권씩 사드리기도 하였습니다.
　잊을 수 없는 장로님입니다.

7
성막 연구 팀이 성지로

　시간이 흐르면서 성막을 수료한 목사님들이 많아졌습니다. 아는 사람도 많아졌습니다.
　이들의 요청이 있었습니다. 성지 이스라엘에 가서 성막을 중심으로 공부를 하자는 것이었습니다. 그래서 모집하기 시작하였습니다. 너무나 많았습니다. 몇 명이 조직하였습니다. 46명으로 제한하기로 하였습니다. 이스라엘 버스가 46명 탈 수 있기 때문입니다. 46명 속에 못 들어온 목사님들이 난리를 피울 정도였습니다. 그러나 더 모집하면 부담스러웠습니다. 46명을 지키려는 시도는 차라리 전쟁이었습니다.
　20일 동안 이스라엘에 가서 성지만 연구하기로 하였습니다. 우리끼리 살림을 하기로 하였습니다. 350만 원씩 내기로 하였습니다. 비행기 표가 두 장이 무료로 나왔습니다. 모두가 당연히 여기며 한 장을 제게 주었습니다. 저는 받지 않았습니다. 오히려 제일 먼저 돈을 냈습니다.

46명을 저는 다 잘 알지만 다른 사람들은 서로서로 몰랐습니다. 교단이 다르고, 나이가 다르고, 성격이 달랐습니다.

공항에 모두 모였습니다. 모두 저에게 걱정스러워하며 말했습니다.

"공통점이 없는 우리 모임이 과연 잘될까요?"

저는 기도하며 지도 방침을 말했습니다.

"우리는 세 가지 표어를 가지고 떠납니다. 첫째, 즐겁게, 둘째, 깨끗하게, 셋째, 깊게. 앞으로 돈을 우리끼리 사용하다가 1,000만 원 부족할 때까지는 말하지도 걷지도 않겠습니다. 제가 1,000만 원 부담할 것입니다. 그러나 그 이상 부족하면 공동 분배할 것입니다."

그리고 일체 돈을 걷지 말라고 말했습니다.

🌼 시내 산 어김

시내 산에 도착하였습니다. 저는 수없이 올라다닌 곳이라 밑에서 쉬기로 하였습니다. 모두 시내 산을 올랐습니다. 이집트에서 우리를 가이드하신 분이 선교사였습니다. 얼마나 은혜롭고, 성실한지 내려오면서 5달러씩을 걷었습니다. 선교사님께 드리기로 했다는 것입니다. 저는 총무에게 확실하게 말했습니다.

"우리 공항에서 앞으로 돈을 걷지 않겠다고 했는데 여기서부터 어기면 안 됩니다. 도로 돌려주어야 합니다. 앞으로 돈 걷지 마십시오. 그리고 선교사에게 선교비를 주고 싶어하는 아름다운 마음은 제가 받아들이겠습니다. 제가 개인적으로 300달러를 헌금하겠습니다. 그 돈을 우리가 주는 것처럼 주십시오."

그래서 시내 산에서 내려오면서 5달러씩 걷었던 돈은 도로 다 나누어 주었습니다.

🌼 솔로몬 필라 성막

예루살렘으로 올라가는 길에 딤나 성막에 들렀습니다. 실제로 광야에 메시아닉쥬(Messianic Jew)들이 실제 크기로 성막을 지어 놓은 곳이 있습니다. 솔로몬 필라에 있습니다. 광야에 있기에 실제 성막 분위기를 맛볼 수 있는 곳입니다.

오후 5시가 넘어서 도착하였습니다. 애굽에서 이스라엘로 들어오는데 예일랏에서 시간이 지체되었기 때문입니다. 예약을 해두었지만 소용이 없었습니다. 5시가 되니, 전 직원이 칼같이 퇴근하였습니다.

저는 성막 울타리를 치고 있는, 휘장을 매고 있는 끈을 풀었습니다. 모두가 소스라치게 놀랐습니다. 기회는 아무 때나 아무에게나 있는 것이 아닙니다.

"제가 책임을 지겠습니다."

그러고는 제가 열었습니다. 현지 가이드는 초주검이 되고 있었습니다. 주인이 없는데 울타리를 뜯고 있는 저를 말릴 수 없음을 알았기 때문입니다. 저는 이곳에 여러 번 왔었습니다. 운영자들을 알고 있습니다. 그들이 만일 나타나면 백배 사과하면 진심은 통하리라 믿었습니다. 만약 진심이 통하지 않아도 저를 어쩔 수는 없을 것이라고 판단하였습니다. 할 때는 해야 한다고 생각하고 밀어붙였습니다.

저는 46명을 이끌고 태연하게 뜰부터 지성소까지 성소를 하나하나 살피며 공부하였습니다. 저는 정말 태연하였는데 나중에 알고 보니 모두가 긴장하고 있었습니다. 할 것을 다 하고 나와 저는 유유히 원상 복귀해 놓았습니다. 그리고 예루살렘으로 향하였습니다.

❦ 가족적인 분위기

우리 46명은 다음날부터 한가족 같았습니다. 점심은 우리가 알아서 사먹어야 합니다. 그런데 한 분이 말했습니다.

"오늘 점심은 제가 쏘겠습니다."

그 후부터 한 끼씩 사는 분이 줄을 섰습니다. 끝나고 나니 한 사람당 70만 원 정도씩 돌려주게 되었습니다. 이스라엘에서 20여 일을 지내고 공부한 모든 비용이 280만 원 들어간 것은 전무후무하지 않을까 생각됩니다.

그것이 중요한 것이 아닙니다. 그후 우리 46명은 전부는 아니지만 대부분이 그 정을 못 잊고 4년이 지난 지금까지 우리 교회에 모이고 있습니다.

❦ 버가모 교회 개척

성막을 중심으로 모인 우리입니다. 우리는 2차 성지 순례로 터키를 정하였습니다. 모두 같이 갔습니다. 소아시아 일곱 교회가 모두 파괴되어 있는 것을 보고 같이 결정하였습니다.

버가모에 교회를 개척하였습니다. 선교사를 파송하고 지금 서머나 교회를 복원 중입니다.

8
성막과 선교

　　성막은 하나님의 은혜로 자연스럽게 선교로 연결되었습니다. 필리핀 일로일로에서 선교하고 있는 선교사님 한 분이 전화가 왔습니다.
　　"목사님! 우리 지역 목회자 세미나 한번 인도해 주세요."
　　"죄송합니다. 갈 수가 없습니다."
　　저는 한마디로 거절하였습니다. 그런 곳은 물질을 주면서 해야 하는데 이런 요청이 일 년이면 수없이 쇄도합니다. 그럴 때마다 교회에서 돈을 지출하기는 감당하기 어려웠습니다. 한두 번 정도는 할 수 있지만 그 이상은 곤란하였습니다. 그러나 일주일에 두세 번 정도 전화가 왔습니다.
　　찰거머리 같은 요청에 어느 날 물었습니다.
　　"얼마나 드는데요?"
　　"몰라요. 이곳에서는 목회자 세미나를 한 번도 한 적이 없어서 얼마나 모일지 모릅니다. 그러나 가난하여 왕복 교통비를 주지 않으면 오지 못하는 곳입니다. 신문 광고를 내보고 나서야 얼마가 들지 윤곽이 잡힙니다."

그래서 한번 신문 광고를 내보라고 하였습니다. 188명이 모집되었습니다. 3박 4일 장소비, 식비, 교통비를 모두 계산하니 3천만 원 가량이 들어가게 되었습니다. 이미 광고가 나간 것이라 포기할 수 없었습니다.

갔습니다. 이틀째 되는 날 가우싱 목사님이 강의 도중에 기절을 하였습니다. 옆에 편안하게 눕게 한 후 강의를 계속하였습니다. 조금 후 정신이 돌아왔습니다. 저는 조용히 물었습니다.

"강의하는 나도 기절하지 않는데 편안하게 강의 들으면서 왜 기절해요?"

그가 말했습니다.

"목사님의 말씀이 방망이가 되어 나를 때렸습니다."

"무슨 말씀이 방망이가 되었나요?"

가우싱 목사님이 조용히 말했습니다.

"목사님이 이런 말씀을 하실 때였습니다. '양계장을 하는 이가 병아리 100마리를 기르는데 70마리가 죽고 30마리만 살아 있다면 양계법을 바꾸어야 하겠지요? 자동차 만드는 업자가 100대를 만들었는데 70대가 망가지고 30대만 굴러 간다면 자동차 만드는 법을 바꾸어야 되겠지요? 지금 우리 주변에 70%가 지옥에 가고 있고 30%가 천국에 가고 있는데 우리 목회자들의 목회 방법을 바꾸어야 하겠지요?'

그때 그 말씀이 방망이가 되어 나를 아찔하게 하더니 기절하였습니다."

그의 눈은 구령 열정으로 불타오르고 있었습니다.

그리고 일 년이 지났습니다. 선교사님으로부터 전화가 왔습니다.

"목사님! 목회자 세미나 다시 한번 더 해주세요."

저는 첫 마디를 이렇게 열었습니다.

"당신은 얌체요. 당신은 전화 10,000원짜리 한 통이면 되지만 저는 3천만 원을 마련해야 합니다. 어려워요."

거절이었습니다. 선교사님이 말했습니다.

"목사님, 이제는 3천만 원이 안 들어갑니다. 목사님들이 목사님의 세미나 맛을 보았기에 교통비를 지불하지 않아도 옵니다. 장소는 빌렸습니다. 이제는 3박 4일 먹는 식비만 300만 원 대주세요."

그것도 거절하기 어려워서 다시 갔습니다. 저를 놀라게 한 이가 바로 작년에 기절한 가우싱 목사였습니다. 일 년 동안에 50곳에 교회를 개척하였습니다. 미개한 섬이라 돈이 없어서 교회를 건축하지 못하니까 망고나무 밑에 교회를 개척하였습니다. 교회 없는 마을이 1,513곳이라는 것입니다.

망고나무는 나뭇잎이 많아서 웬만한 비가 와도 맞지 않습니다. 시원합니다. 50명쯤 앉을 수 있는 그늘이 늘 형성이 됩니다. 그래서 망고나무 교회를 곳곳에 개척하였습니다. 매일 전도하고 교회 세우는 것이 그의 일과였습니다. 작년에 3천만 원 투자하여 50개의 교회가 생긴 셈이 되었습니다. 하나님에게는 결코 공짜가 없습니다.

가우싱 목사에게 말했습니다.

"여기에서는 교회 짓는 데 얼마나 드나요?"

"100여 명 들어가는 교회를 지으려면 시골에서는 200만 원이면 돼요."

20년 전 이야기입니다. 저는 이 말을 듣고 생각도 없이 말했습니다.

"내가 일 년에 1억씩 보내 줄 테니 일 년에 50교회씩 개척해 나가요."

가우싱 목사는 1억이라는 말을 듣더니 "억!" 하고 또 기절을 하였습니다. 조금 후 깨어났습니다. 저는 가우싱 목사에게 말했습니다.

"당신은 기절의 은사를 받았군요."

그리고 그곳에 교회를 계속 지어나가기 시작하였습니다. 200만 원으로 시작하였습니다. 그러나 20년이 지난 지금은 1,000만 원 정도의 수준입니다. 2010년 지금까지 237개의 교회를 건축하였습니다. 앞으로 500개의 교회를 지어 주기로 약속하였습니다. 그래서 '파나이 500교회 개척 선교회'가 생긴 것입니다.

성막을 통하여 연결된 것입니다. 성막 세미나를 통하여 말씀드리면 목사님들이 한 개, 두 개 교회를 개척하여 나갔습니다. 그래서 성막은 선교가 되었습니다.

20년 동안 은혜롭고 재미있는 이야기들이 많이 생겼습니다.

🌸 김정렬 장로 이야기

파나이 섬 선교 사역은 점점 확대되어 갔습니다. 그러나 우리는 일에 돈을 맞출 수 없는 형편이었습니다. 할 수 없이 돈에 일을 맞추어 나가는 수밖에 없었습니다. 하나님은 언제나 벅차게 일감을 주시는 분이었습니다. 그래서 할 수 없이 극동방송 설교를 할 때마다 간간이 파나이 섬 이야기를 하였습니다.

제주 중앙병원 원장님의 어머니인 김정렬 권사님은 이제 인생의 말년이었습니다. 게다가 관절염까지 겹쳐 누워 있었습니다. 하루가 그렇게 길 수 없었습니다. 밤낮으로 누워 지내는 이들에게는 하루가 48시간처럼 길게만 느껴졌습니다.

그러던 중에 극동방송 다이얼을 돌렸습니다. 불과 수백만 원이면 교회 하나가 완성되고 수많은 영혼이 구원받을 수 있다는 소식을 들었습니다. 김 권사는 누워서 가만히 생각해 보았습니다.

'이제 내가 하나님 앞에 가면 70년을 이 세상에서 살면서 무엇을 하고 왔다고 떳떳이 보고드릴 수 있을 것인가?'

아무리 생각해도 부끄러웠습니다. 누워 있지만 하나님께 보고할 거리를 만들어서 하나님 앞에 가야겠다는 생각이 불현듯 들었습니다. 그래서 그날 저녁 퇴근한 아들을 붙들고 이런 대화가 오고 갔습니다.

"애야! 네 병원의 매점을 내게 다오!"

"왜요? 어머니?"

"내가 이렇게 죽을 수 없다. 장사하여 그 이익금으로 선교하다가 죽고 싶다. 그래야 하나님께 가서 할 말이 있을 것 같다."

"어머니! 그런 말 하지 마세요. 그렇지 않아도 제주도에서는 돈을 우리 병원이 다 쓸어 가고 있다는 말이 돌고 있는데, 어머니까지 매점에 앉아 있어 보세요. 다른 사람들이 무어라고 하겠어요?"

"그래도 내가 돈 좀 벌어서 하나님의 일 좀 해야겠다."

"어머니! 제가 필요한 돈은 드릴 테니 가만히 계세요."

"네가 돈을 주어서 교회를 지으면 네가 지은 교회지 내가 지은 교회냐?"

"안 돼요."

이런 대화가 3개월을 오고갔습니다. 그러나 집요하게 매달리는 어머니의 성화에 못 이겨서 할 수 없이 아들은 이렇게 말했습니다.

"좋아요. 어머니! 어머니에게 매점을 드릴게요. 그러나 조건이 있어요. 어머니가 매점에 나타나시면 안 됩니다. 점원을 두세요."

김 권사님은 그렇게 하기로 하고 매점 판매권을 맡았습니다. 점원을 두었습니다. 그리고 그 이익금으로 열한 번을 하나님께 드려서 파나이 선교를 하고 계십니다.

이상한 일입니다. 그리고 나서 관절염을 고침 받았습니다. 지금은 건강하게 지내십니다.

🌱 이후규 집사 이야기

파나이에서는 교회 지을 곳이 많이 물색되었으니 교회 지을 돈을 보내 달라는 요청이 빗발쳤습니다. 성막 세미나를 통하여 계속 돈을 보냈지만 수입보다 요구가 많았습니다.

그런 중에 우리 교회에서는 성막 세미나를 위하여 성막 강의실을 산속에 건축하기 시작하였습니다. 돈이 준비되어 있지 않았지만 계속 밀려드는 목사님들을 재울 곳이 없어서 할 수 없이 필요에 의하여 건축을 해야만 하는 형편이었습니다. 그래서 있는 돈으로 땅을 계약하고 설계도 값을 주고 나니 그것이 자금의 전부였습니다. 그 후부터는 하나님의 영역이었습니다.

서울에서 개척한 지 2년 만에 교회를 건축한다는 것은 정말 어려운 일이었습니다. 그러나 하나님께서 건축한 지 2년 만에 건축을 하게 하셔서 교회 건물이 부실하였습니다. 숙소를 갖춘 성막 강의실을 4층으로 곤지암에 짓기 시작하였습니다.

파나이 섬에 건축비를 보낼 수 없는 형편이 되었습니다. 그러나 그곳에서의 요청은 집요하였습니다. 할 수 없이 제 방송 시간에 방송을 하였습니다.

"파나이 섬에는 200만 원이면 건축이 가능합니다. 교회 지을 곳이 1,513곳이나 됩니다. 더구나 전도도 잘되는 지역입니다. 산아 제한이 없어서 아이들이 15명 내외인 집이 많습니다. 몇 가정만 전도해도 100명 교인입니다. 이 방송을 듣는 분들 중에 교회를 지어 주시는 헌신자가 있기를 하나님은 기다리고 계십니다."

이런 방송을 하는 중에 일어난 이후규 집사님의 이야기입니다.

그는 태어난 지 세 달 되었을 때 아버지가 교통사고로 돌아가셨습니다. 어머니가 결단해야 했습니다. 아들을 데리고 일평생 혼자 살 것인가, 아니면 아들을 고아원에 맡기고 재혼할 것인가 하다가 결국은 재혼을 결정하였습니다. 세 달 된 아들을 고아원에 맡겼습니다. 그는 고아원에서 17년을 살았습니다. 고아원을 떠날 때 그는 하나님께 서원하였습니다.

"하나님! 인생은 빈손으로 왔다가 빈손으로 가는 것, 평생 50개 교회를 지어서 바치고 하나님께 가겠습니다."

그리고 지금까지 30개 교회를 혼자 건축하였습니다. 그러고 나니 50대가 되었습니다. 자녀도 둘인데 대학을 다니고 있습니다. 이제는 살기도 힘들어졌습니다. 옛날에는 교회 짓는 데 조그만 돈으로 가능하였지만 지금은 엄청난 돈이 들어갔습니다. 이래저래 벽에 부딪쳤습니다. 하나님께 공연히 50개의 교회를 약속했다고 후회하기도 하였습니다. 늘 고민이었습니다. 스트레스였습니다.

그런데 대전으로 내려가다가 차에서 이 방송을 들었습니다. 그가 제게 전화를 주었습니다.

"지금 방송하신 강문호 목사님이시지요?"

"네."

"목사님을 만나러 가는 길이니까 기다려 주시겠어요? 나 꼭 목사님을 만나야 할 이유가 있습니다. 꼭 만나야 합니다."

그리고 그는 대전으로 내려가다가 고속도로 적당한 곳에서 그냥 유턴을 하였다는 것입니다. 당시 고속도로는 그리 붐비지 않았고 중간에 난간 있는 곳이 거의 없었습니다. 대단한 용기였습니다.

20분에 한 번 정도 전화가 왔습니다. 조금 후 드디어 제 방에 나타났습니다. 그리고 제 손을 잡자마자 말했습니다.

"목사님이 나를 살렸습니다."

"언제 죽었었나요?"

그는 자초지종을 이야기하면서 국내만 바라보았지 해외를 왜 바라보지 못했는지 후회스럽다고 말했습니다. 50개의 교회 건축이 그렇게 쉬워졌습니다. 그는 이런 이야기, 저런 이야기를 하다가 말했습니다.

"목사님! 내가 돈을 계속 보내드릴 테니까 떼어 먹지 마세요."

저는 이 말에 기분이 상하였습니다. 그래서 붙들었던 손을 놓으면서 말했습니다.

"이 집사님! 미안해요. 나 당신과 일하기 싫어요. 목사에게 돈을 보내면서 떼어 먹지 말라는 사람과는 처음부터 일에 들어가지 않는 것이 좋을 것 같아요."

그리고 제 자리로 와서 앉아 컴퓨터를 켰습니다. 그러고는 말했습니다.

"돌아가 주세요."

이 집사님은 제 옆으로 와서 서 있었습니다. 침묵이 흘렀습니다. 조금 후 그가 조용히 입을 열었습니다.

"목사님, 제가 너무 실례되는 말씀을 드렸습니다. 사실은 3개의 교회를 짓는 중에 3개의 교회가 저를 무척 괴롭혔습니다. 서울에서 돈이 온다고 소문이 나서 자꾸만 돈을 떼어 먹었습니다. 교회가 떼어 먹은 것이 아닙니다. 건축업자가 그렇게 하는 것이었습니다. 그래서 한 말이지 목사님에게 한 말은 아닙니다. 용서하세요."

저는 그 말을 받아들이기로 하였습니다. 그후 이 집사님은 파나이 섬에 교회를 계속 지어 나가는 동역자가 되었습니다.

🌱 김수연 집사 이야기

파나이 선교를 하는 중에 잊을 수 없는 집사님의 이야기입니다. 김수연 집사님은 위암 말기 환자로 세브란스 병원에서 3개월 시한부 인생으로 누워 있었습니다. 누워서 방송을 들었습니다. 방송이 끝나자 옆에 있는 어머니에게 조용히 물었습니다.

"엄마! 나 치료비 얼마 남았어?"

"240만 원 남았다."

"그 돈을 강문호 목사님에게 보내줘!"

"왜 그러니?"

"내가 3개월 있으면 죽을 텐데 하나님 앞에 가면 부끄러워. 무엇을 하다가 왔느냐고 하나님이 물으시면 할 말이 없어. 그 돈으로 교회 하나 짓고 그 교회 사진을 품에 안고 죽고 싶어. 그리고 하나님께 치료비로 교회 짓고 왔다고 보고하고 싶어."

"그래라."

방송 후 김수연 집사는 퇴원하였습니다. 그리고 저에게 전화를 하였습니다.

"목사님! 나 욕심이 하나 있어요. 그 교회 다 지을 때까지만 살아있게 기도해 주세요."

저는 그 돈을 만리부라는 곳에서 망고나무 밑에 예배드리고 있는 이들에게 보내어 교회를 짓게 하였습니다. 이들은 아침마다 모여 교회를 짓기 시작할 때 이렇게 기도하였습니다.

"하나님! 한국의 암 환자가 치료를 포기하고 우리에게 교회를 지어주고 있습니다. 고쳐 주세요."

저는 가끔 전화로 김수연 집사에게 기도를 해주었습니다. 신기한 일이 일어나기 시작하였습니다. 교회가 지어져 올라가면서 김수연 집사의 암덩어리가 핏덩어리가 되어 흘러내리기 시작하였습니다.

드디어 교회를 완성하였습니다. 6개월 가량 걸렸습니다. 봉헌 예배를 드리러 갔습니다. 교회 앞에 왔을 때 저를 놀라게 한 것이 간판이었습니다.

"만리부 교회"

이 간판이 아니었습니다.

"수연 교회"

교회 이름을 바꾸었습니다. 수연이란 이름을 영원히 기억하자는 것이었습니다. 봉헌 예배를 마쳤습니다. 교인들이 봉헌 예배에 꽂았던 꽃 5송이를 제게 싸서 주면서 말했습니다.

"김수연 집사님에게 갖다 주세요. 고맙다고 전해 주세요."

저는 공항에 도착한 후 김수연 집사에게 전화를 하였습니다.

"김 집사, 나 봉헌 예배드리고 오는 길이야. 기쁜 소식을 전할 것이 있어. 봉헌 예배에 꽂았던 꽃을 선물로 가지고 왔어. 더 좋은 선물이 있어. 그 교회에서 집사님의 이름을 영원히 기억한다고 교회 이름을 '수연 교회'로 바꾸었어. 나 집사님 집으로 갈게."

김수연 집사가 말했습니다.

"오지 마세요."

"왜?"

"나 그 교회 지으면서 병이 나았어요. 들것에 들려 퇴원하였지만 지금은 걸을 수 있어요. 다음 주일 목사님 교회에 가서 예배드릴 거예요."

다음 주일 그는 우리 교인들의 열렬한 환영을 받으며 같이 예배를 드렸습니다. 그후 김수연 집사는 교회를 두 개 더 지었습니다. 파나이 선교에 정성을 다하였습니다. 3개월 시한부 인생이 3년 더 살다가 하나님 앞에 갔습니다. 그는 3개 교회 사진을 품에 안고 하나님 앞으로 갔습니다.

그가 마지막으로 한 말입니다.

"내가 50년 동안 한 일보다 위암에 걸려 3년 동안 한 일이 더 많았습니다."

❖ 부도교회 이야기

1994년 8월 20일에 일어난 이야기입니다. 울산의 모 집사님의 이야기입니다. 부산 감림산 기도원에서 집회할 때였습니다. 부도로 모든 재산을 다 날렸습니다. 그리고 완전 거지가 되었습니다. 돈을 주어야 할 분들을 모두 모았습니다. 그리고 200만 원만 보는 데서 남기고 나머지를 모두 골고루 조금씩 나누어 주었습니다. 200만 원 가지고 생활을 당분간 할 생각이었습니다.

그리고 기도원에 와서 정리 중에 저와 만났습니다. 그 200만 원을 제게 주면서 말했습니다.

"강 목사님! 이 돈 가지고 다시 사업을 시작하나 빈손으로 시작하나 문제는 하나님이십니다. 하나님이 함께하셔야 됩니다. 이 돈으로 파나이에 교회를 짓고 하나님께 축복해 달라고 기도하고 싶습니다."

그래서 그 돈을 망고나무 밑에서 예배드리는 곳에 보냈습니다. 그 교회 교인들은 감격하며 그 교회 이름을 '부도교회'라고 지었습니다.

그리고 부도 난 집사님을 위하여 예배 시간마다 기도하였습니다.

"하나님! 부도 난 집사님이 우리 교회를 지었습니다. 축복해 주옵소서."

그분은 이제 한 달 십일조가 500만 원이라는 연락이 왔습니다.

하나님이 함께하시면 됩니다.

9
성막이 사업으로

❖ **서울랜드 성막**

    성막이 이상한 곳으로 흘러갈 줄은 저도 예상하지 못하였습니다.
    2008년 5월이었습니다. 과천에 있는 서울랜드 운영 팀들이 저를 찾아왔습니다. 그리고 말했습니다.
    "우리 서울랜드는 한국에서 사람들이 가장 많이 찾는 공원입니다. 일 년에 보통 330만 명 정도가 방문하고 있습니다. 그런데 문제가 생겼습니다. 경제적인 불황이 계속되어 사람들이 찾아오지 못하고 있습니다. 생활의 여유가 없기 때문입니다. 동물 먹이 값만도 엄청납니다. 동물들을 먹이지 못하면 죽게 됩니다. 우리나라에 없는 값진 희귀 동물들입니다. 성막을 주제로 성막관을 만들어 놓고 전도하고 싶습니다. 목사님! 성막관 구상을 하여 주십시오."

이분들의 방문과 이분들의 말은 제 마음을 무척 기쁘게 하였습니다. 성막을 주제로 했다는 것도 좋았지만 성막으로 전도한다는 말에 감동이 되었습니다. 저는 즉각 승낙하였습니다.

저는 너무도 좋아서 성막은 무료로 빌려 주기로 하였습니다. 대신에 성막 전도실을 만들고 서울랜드에서 만들어 놓은 것들은 우리 교회로 옮기기로 하였습니다.

입구부터 출구까지 제가 기획을 하기로 하였습니다. 아내와 서울랜드를 답사하러 갔습니다. 저는 생전 처음으로 서울랜드에 들어가 본 것입니다.

부장님이 물었습니다.

"아이들을 안 기르셨나요?"

저와 아내는 서로 얼굴을 쳐다보고 웃었습니다. 우리는 두 자녀를 길렀습니다. 그러나 데리고 여기저기 다닐 여유가 없었습니다. 시간적인 여유가 있을 때에는 가난하여 돈의 여유가 없었습니다. 돈의 여유가 생겼을 때에는 시간적인 여유가 없었습니다.

1년이면 우리 교회에 4천 명 정도 목사님이 오셔서 주무시는 것 같습니다. 그렇기에 저에게 1년에 부흥회 요청은 700여 곳이나 됩니다. 눈이 오면 겨울인 줄 알았습니다. 꽃이 피면 봄인 줄 알았습니다. 1년 12달 아내와 휴가를 즐긴 적이 없었습니다. 이렇게 좋은 곳에 가족끼리 단 한 번도 와 보지 못한 것이 부끄러웠습니다.

상무님이 저를 성막으로 전도할 곳으로 안내하였습니다. 약 60평 정도 되는 건물이었습니다. 아내가 제 옆구리를 찌르면서 말했습니다.

"이 정도는 작다고 그러세요."

저는 무슨 말인지 알았습니다. 그리고 저도 이왕 하는 것이니까 잘하고 싶었습니다. 그래서 말했습니다.

"내가 구상하는 것을 하려면 60평으로는 부족합니다."

"얼마나 되어야 하나요?"

"100평 정도는 되어야 합니다."

상무님은 즉석에서 계획을 수정하였습니다. 성막 전도실로 지은 60평은 아이들 컴퓨터 오락실로 사용하기로 하고 100평 건물을 다시 만들기로 하였습니다.

저는 입구에 "성막은 하나님을 만나러 가는 약도"라고 크게 써 붙이게 하였습니다. 그리고 성막으로 전도할 사람을 6명 훈련시켰습니다. 짐승 피로 시작하여 예수 피로 마치게 하였습니다. 짐승의 죽음으로 시작하여 예수님의 죽음으로 십자가를 보여주게 하였습니다.

양에게 안수하는 장면 조각을 3천만 원 가량 들여서 조각하게 하였습니다. 창조부터 심판까지 조각을 간단하게 만들게 하였습니다. 나중에 모두 우리 교회에 진열할 것을 염두에 두었습니다.

모든 것을 마쳤습니다. 성막 설립 예배를 드렸습니다. 우리 교인들 100여 명이 참석하여 축하해 주었습니다. 그리고 입장료가 15,000원인데 주보를 가지고 오면 4,000원만 받기로 하였습니다. 그러나 4,000원 내고 들어오면 평균 10,000원 이상 쓰고 나오게 되어 있습니다.

저는 서울랜드가 우리 성막 때문에 정상적인 운영을 넘어 축복을 받기를 기도하였습니다. 그리고 서울랜드를 방문하는 수많은 사람들이 성막을 보고, 예수님을 만나게 되기를 기도하였습니다.

7개월 동안 전시하였습니다. 결과는 성막 때문에 서울랜드를 방문한 입장객이 96,000명이라는 통계가 나왔습니다. 하루에 400-500명이 성막을 보기 위하여 서울랜드를 방문한 것입니다. 약 4천만 원의 입장 수입과 기타 수입 10억 원 정도의 수입을 올렸습니다. 서울랜드를 정상화하는 데 큰 공헌을 성막이 한 셈이 되었습니다.

지금도 서울랜드는 성막을 기억하고 있습니다. 물론 그곳에 있던 모든 전시물들은 우리 교회 소유가 되어 우리 교회에 진열되어 있습니다.

이런 기회를 통하여 감사드리고 싶은 분이 있습니다. 이진아 교수님의 지휘 아래 저의 구상을 만들었습니다. 이진아 교수님이 자기 작품이기에 진열 후 간직하고 싶어하셨습니다. 그러나 우리에게 양보해 주셨습니다. 감사드립니다.

❦ 바이블 엑스포 2010 성막

2010년 8월 인천 신도시 송도 센트럴파크에서 "바이블 엑스포 2010"이 열렸습니다. 제작비 140억 원, 선전비 110억 원을 투자한 세계 최대의 바이블 엑스포로 기록되었습니다.

노아의 방주를 실제 크기로 만들었습니다. 물론 재료는 성경 그대로는 아니었습니다. 맥주병 40만 개가 들어갔습니다. 하나님의 방주를 맥주병으로 만든다는 것이 모순 같았습니다. 그러나 바이블 엑스포는 빛의 축제였습니다. 밤에 보기 위하여 만들었습니다. 밤에 불빛의 반사와 조명을 위하여 연구한 걸작품이었습니다.

바벨탑도 만들었습니다. 눈물의 교회도 예루살렘에 있는 모양 그대로 지었습니다. 창조부터 성경의 사실들을 하나하나 재현하기 위하여 노력하였습니다. 가장 많은 자본이 들어간 곳은 빙등관이었습니다. 얼음 10억 원 상당으로 솔로몬 성전을 건물 안에 제작한 것입니다.

성막도 실제 크기로 만들었습니다. 성막은 제가 감수하기로 되어 있었습니다. 감수만 제가 하는 것이 아니라 운영도 제가 하기로 하였습니다.

모든 일이 완벽하지는 않았지만 그런 대로 잘 진행되어 8월 27일 그렇게 기다리던 엑스포를 개장하였습니다. 빛과 소금의 교회 조용목 목사님이 설교를 하였습니다. 제가 대표 기도를 하였습니다. 송영길 인천시장이 축사를 하였습니다.

모두 흥분되었습니다. 그날 밤 빛이 온통 전시장을 밝히자 모두 환호하였습니다. 이제 시작되는가 했더니 뜻밖에 복병이 찾아왔습니다. 다른 해에는 태풍이 남쪽에서 북쪽으로 오다가 대부분 동쪽으로 사라졌습니다. 그러나 2010년에는 태풍이 서쪽에서 와서 동쪽으로 불다가 사라졌습니다. 그리고 그 위력도 다른 해에 비하여 강한 태풍이었습니다.

이미 이야기한 대로 바이블 엑스포는 빛의 축제이기에 대부분 철사를 이어 만들고, 겉에는 헝겊으로 싸고 그 안에 불빛이 나오도록 만들어진 것이었습니다. 약한 조형물들이 대부분이었습니다. 태풍은 이를 간과하지 않았습니다. 강풍은 이미 개장한 전시장을 초토화시켰습니다. 제일 비참하게 초토화시킨 조형물이 바벨탑이었습니다. 접시들로 만들었는데 완전히 폐허가 되었습니다. 사람들은 말했습니다.

"바벨탑은 무너지게 되어 있나 봅니다."

복원비가 약 10억 원이 들어가게 되었습니다. 이 돈을 주최 측은 마련할 길이 없었습니다. 성막을 복원하지 못하고 있었습니다. 우리 교회가 복원을 맡기로 하였습니다. 본부는 너무나 좋아하였습니다.

심영식 목사가 성막 설명을 맡기로 하였습니다. 성막을 찾는 이들에게 성막 속에 들어 있는 예수님을 소개하기로 하였습니다. 오는 사람에게만 성막을 알리는 것이 아니라 성막을 보러 오게 만들 계획입니다.

그러나 성막은 돈과 연결시키면 파멸입니다. 하나님은 순수하기를 원하신다는 것을 수십 년 동안 깨달았기 때문입니다.

10
성막이 선교로

예수님의 마지막 명령은 우리의 최초의 관심사가 되어야 합니다. 예루살렘과 온 유다와 사마리아와 땅 끝까지 복음을 증거하라고 마지막으로 말씀하시고 승천하신 예수님입니다. 우리는 그 명령을 최초의 관심사로 알고 복음을 전해야 합니다. 저는 그곳에 500교회를 세우고 싶습니다.

성막이 선교로 연결되었고 또 연결될 것입니다.

❣ 237교회를 세운 보상

지금 우리 교회는 광진구에서 교회 건물로는 최고로 큰 교회라고 합니다. 지상 9층입니다. 총 연건평 2,300평입니다. 서울에서 한강 옆에 붙어 있는 교회는 우리 교회 하나뿐입니다. 더구나 뚝섬 수십만

평을 정원으로 삼고 있어서 경치가 좋은 교회입니다. 그래서 1년에 100쌍 이상이 화촉을 밝히는 교회입니다.

머릿돌교회가 지어 놓고 재정적인 어려움으로 공매에 넘겨지는 불운을 경험하였습니다. 그때 조그만 교회가 인수를 하였습니다. 그 교회가 유지를 못하고 있었습니다. 사용하려고 인수한 것이 아니라 사업으로 인수하는 이가 끼어 있었기 때문입니다.

공매 전문업자의 불순한 의도가 들어 있었습니다. 그래서 다시 팔지 않으면 안 되는 상황이었습니다. 수많은 교회들이 달려들었습니다. 당시 시가는 약 300억 정도였습니다.

그런 중에 재정적으로 가장 열악한 우리 교회가 그 교회를 사게 되었습니다. 더구나 우리 교회는 강남에 있었습니다. 강남에서 강북으로 교회를 이전한다는 것은 오직 우리 교회만 체험한 사실입니다. 교회 이전을 마치고 났을 때 수많은 이들이 물었습니다.

"어떻게 그런 일을 해냈습니까?"

저의 대답은 간단하였습니다.

"다 하나님의 은혜지요."

"낮에는 웃었고, 밤에는 울었지요."

"사람들과 있을 때는 그들과 같이하였고, 사람들과 헤어지면 늘 하나님만 불렀지요."

그러나 사람들은 종합 평가하여 주었습니다.

"파나이에 교회를 많이 지어 준 보상입니다."

그 말을 듣고 보니 그런 것 같았습니다. 우리는 그 보상을 이곳에서 다 받았습니다.

모든 영광을 하나님께 돌립니다.

❖ 성막 세미나 암흑기 1년 – 감독회장 출마

 2010년 7월 감리교 감독회장 선거가 있었습니다. 저는 기호 2번으로 출마하였습니다.

 125년 감리교 역사상 가장 혼탁한 때라 모두에게 초미의 관심사였습니다. 그동안 정치하지 않았던 저였기에 조직도 미흡하였습니다. 방법도 몰랐습니다. 돈도 많지 않았습니다. 모든 것이 어설펐습니다. 그러나 차창규 목사와 함께 선거 운동을 목회식으로 하였습니다. 순수하게 하였습니다. 진심으로 하였습니다.

 목사들 2,500명은 성향이 거의 정해져 있었습니다. 감신, 목원, 협성인데, 대략적으로 학연과 지연으로 연결되어 이것을 바꾸는 일은 그리 쉽지 않았습니다. 장로들의 표 2,500표가 당락을 좌우할 것 같았습니다. 그래서 장로님들 표에 전력을 기울이기로 작정하였습니다.

 선거를 처음 하는 것이라 선거에 대한 책을 구입해 분석하는 것으로 선거에 임하였습니다. 닉슨과 케네디가 대통령 선거 대결을 할 때였습니다. 닉슨은 미국 52주를 다 다녔습니다. 지쳤습니다.

 그러나 케네디는 자기를 찬성하는 주는 아예 가지 않았습니다. 자기를 극구 반대하는 닉슨 홈그라운드 주도 아예 가지 않았습니다. 부동표 지역만 갔습니다.

 여기에 착안하였습니다. 우선 우리 교회에 똑똑하게 전화를 주고받을 사람 12명을 뽑았습니다. 전화방 6곳을 만들었습니다. 그리고 12명을 교대로 두 조를 만들었습니다. 사람은 쉬었지만 전화기 6대는 쉴 사이가 없었습니다.

2,500명에게 모두 전화를 했습니다. 첫 전화는 인지도를 알아보는 전화였습니다. 첫 전화 결과 80%가 저를 알고 있었습니다. 인지도가 최고였습니다. 그동안 부흥회와 TV 강의 등의 3년간이 큰 재산이었습니다.

두 번째 전화를 돌렸습니다. 이번에는 가능성 있는 표를 찾았습니다. 40%가 찍어 주겠다고 말했습니다. 꼭 믿을 것은 아니지만 분위기 파악으로는 대세가 저에게 쏠리고 있다는 분석이었습니다. 목사님들의 성향도 그랬습니다. 깨끗하고 순수한 이미지의 특성이 저에게 큰 장점이었습니다. 앞장서 가기 시작했습니다.

그러나 모 후보가 제 약점을 찾기 시작했습니다. 저는 후보에서 밀려나게 되었습니다. 그때 당당 뉴스, 〈기독교 타임스〉, 그리고 인터넷을 통해 발표된 성명서는 폭발적이었습니다.

다음과 같은 글이었습니다.

> 저는 후보 자리를 잃었습니다.
>
> 동굴을 빠져 나온 것 같습니다.
>
> 후보 취소 결정이 난 하림각에서 집으로 오는 내내 '그럴 수 있느냐'는 눈물의 전화 50여 통에 시달려야 했습니다. 옆에 있는 참모도 마찬가지였습니다. 둘은 서로 이야기할 틈도 없이 각자 걸려 오는 전화에 시달리며 울기만 하였습니다. 그러나 어느 감독님이 전화를 하였습니다. 큰소리로 외치셨습니다.
>
> "할렐루야! 축하한다. 잘되었다."
>
> 제가 감독회장 출마를 결심한 순간부터 "왜?"라는 질문이 떠나지 않았었습니다.

"왜 좋은 교회를 떠나려고 합니까?"
"왜 성막 세미나를 중단하려고 합니까?"
"왜 부흥회를 포기하려고 합니까?"
"왜 저술 활동을 중단하려고 합니까?"
"왜 부흥사가 정치하려고 합니까?"
그러나 가장 많은 질문은 두 가지였습니다.
"왜 진흙탕 속으로 들어가십니까?"
"왜 64세에 은퇴하려고 하십니까?"

그러나 편안할 때에는 할 사람이 많을 것 같았습니다. 정말 일꾼은 이런 때 일해야 한다는 생각이 들었습니다. 그래서 '옛사람은 안 된다. 새사람을 찾자'라는 감리교의 요구 토양 위에 후보 나무를 심었습니다. 그러나 출마부터 거센 바람이 불어 왔습니다.

1. 교회 역풍

교인들은 어떻게 기도해야 할지 방향을 잡지 못하였습니다. 당선을 위해 기도해야 할 것인지, 낙선을 위해 기도해야 할 것인지 몰랐습니다. 당선되면 교회를 떠나야 하는 것을 교인들은 잘 알고 있었습니다.

지난 3년 동안 700명이 등록되었습니다. 서울연회 부흥 1위의 교회였습니다. 거의 다 저를 보고 온 이들이었습니다. 제가 떠나면 이들이 흩어질 것입니다. CTS TV에서 제 프로그램을 보고 온 이들이 상당수였습니다. 그래서 교인들은 말했습니다.

"당선되면 박수를 칠 것이고, 떨어지면 춤출 것입니다."

나가지 말라는 출마 역풍이 교회부터 불기 시작하였습니다.

2. 감신 강풍

후보 등록을 하고 보니 감신 3명, 목원 1명이었습니다. 끊임없는 단일화 강풍을 제일 많이 맞아야 했던 사람이 바로 저였습니다. 셋 중 제가 가장 후배였습니다. 저는 다음에 기회가 있지만 다른 후보는 마지막이었습니다. 당연히 제가 물러나야 했습니다. 감신이 단일화하지 못하면 선거에 동참하지 않겠다는 거센 강풍을 거의 다 저 혼자 맞아야 했습니다. 이는 역풍이 아니라 강풍이었습니다. 그래서 단일화한다고 하면 제일 먼저 양보할 준비를 하였습니다. 동문회장 추연호 목사님에게 그렇게 전하였습니다. 그러나 두 분의 단일화가 문제였습니다.

3. 외부 태풍

기자 회견에서 기자가 물었습니다.

"김국도 목사님이 보험을 든 후보라는 소문이 있는데요?"

남부 연회 어느 목사님이 물었습니다.

"김국도 목사님과 같이 골프 쳤습니까?"

김국도 목사님과의 연계 소문은 전국적이었습니다. 저는 태어나서 지금까지 골프장에 발을 디뎌 본 적이 없습니다. 가난한 이들을 생각하여 안 하기로 결심하였습니다. 김국도 목사님과 한 통의 전화를 받은 적도 없고 건 적도 없었습니다. 그렇다고 김국도 목사님을 싫어하는 것도 아닙니다. 법적인 하자만 없다면 한 번쯤 일하였으면 좋겠다는 생각은 예나 지금이나 한결같습니다. 제가 감독회장이 되었다면 백번 천번 찾아가서 이야기할 수 있는 분이십니다.

〈기독교 타임스〉 박영천 목사가 배재 후배이고, 제 집회에서 병 고침의 체험을 받았습니다. 그때부터 뗄 수 없는 사이가 되었습니다. 그 외에 김국도 목사님 진영의 많은 분들과 친분을 가지고 있기에 그런 소문이 난 것입니다. 김국도 목사님을 싫어하는 사람들의 표를 의식하여 저를 의도적으로 그렇게 매도하였습니다. 이 바람은 역풍이나 강풍이 아니라 태풍이었습니다. 견디기 힘든 바람은 내외적으로 맞으면서 선거전에 임하였습니다.

다른 후보들은 한두 번 경험이 있습니다. 그러나 유독 저만 처음이었습니다. 선거가 무엇인지 몰랐습니다. 돈이 얼마나 드는지도 몰랐습니다. 그러나 예민한 감각으로 선거가 어떻게 돌아가는지 알기 시작하였습니다. 등록 후 20여 일 동안 정신없이 살았습니다. 참모들이 추려주는 그날그날의 선거 정세가 유일한 뉴스였습니다. 인터넷을 점검하여 요약해 주는 것이 중요한 정보였습니다. 감신과 목원의 대결이 아님이 감지되고 있었습니다. 승리의 확신이 밀려 왔습니다. 저의 예감은 항상 적중하였습니다. 큰일 때마다 하나님이 독특한 영감을 주셨었습니다.

표가 몰려오는 것이 보일 때였습니다. 송원영 장로님과 이주익 목사님이 찾아오셨습니다. 그리고 후보를 사퇴하는 것이 어떠냐고 물었습니다. 그 이유는 부담금을 12월 31일까지 내지 않았다는 것입니다. 이는 후보 결격 사유라는 것입니다.

저는 이제는 그런 말을 할 때가 아니라고 하였습니다. 완강한 저와 타협이 되지 않자 이주익 목사가 기도하고 가겠다고 하였습니다. 기도를 마쳤습니다. 모두 일어났습니다. 문 앞에서 이주익 목사가 제 손을 붙들더니 예언 기도를 하고 싶다고 하였습니다. 다시 기도가 시작되었습니다.

"너는 하박국 선지자 같다. 화해자가 될 것이며 머리가 될 것이다. 으뜸이 되고 본이 될 것이다."

기도를 마치자마자 제가 말했습니다.

"이 목사! 나가지 말라는 것이 아니라 나가라는 것이다."

이 목사가 말했습니다.

"그러네요. 나가셔야겠네요."

그리고 헤어지고 이튿날 송 장로님은 저를 부담금을 걸어 재심을 요청하였습니다.

우리 교회 재정은 장로님들의 몫이라 제가 챙기지 않아서 몰랐습니다. 선관위에서 요구하는 것은 '부담금 완납 증명서'입니다. 저도 그렇게 냈고, 선관위도 그렇게 받았습니다. 둘 다 몰랐습니다. 이것을 찾아낸 것입니다.

우리 교회 건물은 지하 2층, 지상 12층의 거대한 건물입니다. 전기세가 한 달에 1천만 원이 나올 때도 있습니다. 현 시가는 500억 이상입니다. 이단이 사용하던 건물을 구입하였습니다. 재정 문제로 정신이 없었던 때라 재정부장이 늦게 냈던 것 같습니다. 이 건물을 구입하여 감리교에 바쳤습니다. 그런 과정에 부담금이 늦었던 모양입니다. 공로는 분명하지만 법은 냉정하였습니다. 법만 보이지 뒤에 사정은 보지 않는 것이 법입니다.

7월 6일 13시 하림각에서 재심이 있었습니다.

선거관리위원 과반수 이상 참석에 3분의 2 찬성으로 후보 자격을 박탈하게 되어 있습니다. 그러나 그렇게 가결되면 향후 5년간 피선거권에 제한을 받는다는 것입니다. 심사위원들은 저를 끔찍하게 여겨 주었습니다.

"분명한 사실을 표결에 붙여 가결되고 나면 강문호 목사는 모든 것을 박탈당한다. 아까운 사람을 살리자. 서류에 하자가 있었던 것이니 등록 취소로 결정하자. 그리고 5년 피선거권 제한에 걸리지 않게 하고 등록금 5천만 원을 돌려주자. 다음에 도전할 기회를 주자."

그래서 후보 등록이 취소되었습니다. 이 소식은 삽시간에 불같이 퍼져 나갔습니다. 좋아하는 이들이 많았습니다.

첫째, 우선 상대 후보들이 경쟁자 한 명을 제거했으니 좋아했을지 모릅니다. 짐작입니다.

둘째, 우리 교인들이 좋아했습니다.

셋째, 등록금 5천만 원을 대준 이에게 전화하였습니다. "감사했어. 도로 준다니 도로 줄게." 그도 좋아하였을 것입니다.

넷째, 아내가 좋아했습니다. "여보. 저는 진심으로 좋아요. 당신이 당선되어 64세에 은퇴하는 것 싫었어요. 다시 목회할 수 있게 되어서 기뻐요." 그러나 울고 있었습니다.

다섯째, 부흥회 약속해 놓았던 교회들이 당선되면 부흥회가 취소되지 않을까 초미의 관심을 가지고 있었습니다. 저는 거의 쉬는 주간 없이 부흥회를 하고 있었기 때문입니다. 이들도 좋아할 것입니다.

저는 결국 후보의 자리를 잃었습니다.

그러나 얻은 것이 너무나 많습니다. 후보는 잃었지만 좋은 친구들을 너무나 많이 얻었습니다. 제 사람이 그렇게 좋을 수 없었습니다. 큰 교회를 두고 매일 출근하였던 차창규 목사, 6개월을 교회에서 자며 점검한 김재성 장로, 그리고 아직은 이름을 밝힐 수 없는 목사님들, 장로님들을 저는 평생 잊지 않을 것입니다. 2주 후 이런 분들과 함께 며칠 해외에 다녀오려고 합니다. 이들의 고마움에 많이 울었고, 또 울 것입니다. 그 외에 전국의 수많은 지지자들은 저의 영원한 친구들이 될 것입니다. 장사는 돈을 버는 것이 아니라 사람을 버는 것이라는 〈탈무드〉의 말이 생각났습니다.

선거는 자리를 얻는 것이 아니라 사람을 얻는 것입니다. 너무나 소중한 사람들을 많이 얻었습니다. 아쉬운 것이 있습니다. 감독회장이 되고 나면 그날 밤 12시부터 100년 기도실을 만들어 기도하는 감리교를 만들고 싶었습니다. 제게는 돈이 따르는 것을 느꼈습니다. 그래서 재임 기간에 400억 모금을 하여 감리교 컨벤션센터를 짓고 싶었습니다. 김기택 감독님에게 배운 것인데, 시작부터 끝까지 감독회장 명목으로 들어오는 거마비, 사례비를 모두 모아 드리고 싶었습니다. 젊음을 불태워 감독회장 모델을 만들고 싶었었습니다. 이제 아쉬움으로 남을 뿐입니다.

마침 오늘이 제 생일입니다. 새벽 기도를 마친 이 시간 성도들이 생일 아침 식사를 준비하고 있습니다. 누가 케이크를 사다 놓았습니다. 조금 후 생일 아침 파티가 있을 것입니다. 후보 등록이 취소된 것을 모르고 생일만 아는 이들이 문자 메시지를 보내 주었습니다. "생일 축하합니다. 선거에 승리하기 바랍니다."

장로님들이 몰려와서 우리 잘못이라고 눈시울을 적셨습니다. 침묵만이 흘렀습니다. 침묵과 눈물은 가장 큰 언어였습니다. 새 세상으로 돌아온 것 같습니다. 동굴을 빠져 나온 것 같습니다. 위로 문자 메시지가 초를 다투어 들어오고 있습니다.

이제 '1만 명 교회'를 향하여 매진할 것입니다. 사랑하지 못했던 성도들을 사랑하며, 239기에서 중단되었던 성막 세미나를 복원할 것입니다. 91번째 책 집필에 들어갈 것입니다. 이 글을 마치고 자전거를 타고 뚝섬을 달리러 나갈 것입니다. 우리 교회가 최고 부흥한 교회라고 서울 연회에서 시상한 자전거입니다.

기자가 물었습니다.
"본회의에서 표결하지 않고 회부한 것을 받아들이겠습니까?"
"깨끗이 받아들일 것입니다."
"누구를 밀어 줄 것입니까?"
"생각해 보겠습니다."
"다음에 재출마할 것입니까?"
"하나님만 아십니다."

감리교를 사랑합니다. 모두를 사랑합니다.
주님을 사랑합니다.

갈보리교회 강문호 목사

여기에 댓글들이 줄을 이었습니다. 그대로 옮겨 봅니다.

감리교 사랑. 2010-07-08 12:20:25

강문호 목사님같이 참신한 인물이 감독회장 재선거에 출마하는 것을 보고 처음에는 믿기지가 않았습니다.

'아직 젊고 무엇 하나 부러울 것 없는 사람이 갑자기 확 돌았나?' 하고 생각했습니다. 그런데 나중에 생각해 보니 그것은 그의 말처럼 그가 진정 감리교회를 사랑하지 않으면 도저히 있을 수 없는 살신성인의 결단이란 생각이 들었습니다. 그렇기에 재선위의 여러 가지 불법성에도 불구하고 한 가닥 희망을 걸었습니다.

그것은 그가 당선이 되면 김국도 목사 세력까지도 다 포용하고 갈 것이란 판단이 들었기 때문입니다. 그런데 이윽고 후보반려 소식을 접했습니다. 어린애들 장난도 아니고 참 어이가 없었습니다. 충분히 이해될 수 있는 흠을 가지고 후보 자격을 박탈하는 재선관위원들에게 분노가 났습니다.

그런데 바로 선관위의 결정을 수용하는 그의 글을 읽고 더 큰 희망을 갖게 되었습니다. 그 희망은 아직 하나님이 우리 감리교회를 버리지 않으셨다는 믿음이 생겼기 때문입니다. 그가 다음에 또 나올지 안 나올지는 그의 말처럼 하나님만이 아실 것입니다. 그러나 이번 재선거국면에서 최대의 수혜자는 강문호 목사, 그 자신이란 생각이 드는 것은 나만의 생각일까요?

(감게에서 한덕희 목사님의 글 퍼옴)

이기명. 2010-07-08 11:14:50

정확히 말하자면~ 3분의 2 찬성으로 후보를 탈락시킨 것이고. 그를 다음 선거에 출마할 수 있도록 배려?(이런 이유의 위로로 제거?)를 했다는 얘기입니다. 전 개인적으로 참 마음에 와 닿는 목사님이셨습니다.

　인터뷰의 내용을 보아 정말 올곧으시고, 아닌 것은 아닌 것으로 판단하실 분이었습니다. 단지 진행이 잘 종결될지도 모르는 진흙탕에 빠져서 일정 기간 고생만 하셨습니다.

　김국도 목사가. 2010-07-08 10:22:50
　강문호 목사 반만 닮았어도……. 오호 통재라!

　발 없는 말. 2010-07-08 09:00:47
　왜 내 댓글이 지워졌을까? 욕을 했나? 인신 공격을 했나? 저는 단지 이주익 목사께서 '예언 기도'를 했다기에 신기하고 궁금했을 뿐인데. 물론 부정적이었지만.

　강 목사님! 2010-07-08 06:46:13
　힘내세요, 목사님은 복이 많은 분이십니다! 하나님은 한쪽 문을 닫으시면서 다른 문을 열어주시는 분입니다. '하나님 마음에 합한 자'가 되시기 바랍니다!

　참으로. 2010-07-07 22:47:12
　강문호 목사님의 용퇴는 칭찬을 받을 만하다. 그런데 고수철 목사 측은 강문호 목사를 탈락시키고 결국 강흥복 목사를 돕는 일을 한 듯하다. 강문호 목사님의 지지층이 누구를 미워하고 누구를 찍을 것인가? 재주는 누가 부리고 돈은 누가 벌까?

정성령. 2010-07-07 22:14:14

역시 법과 질서를 지키시며 하나님을 사랑하시는 선함이 모두를 감동시킵니다.

참으로 잘하셨습니다. 다음 세대를 위해서 예비하심을 믿습니다. 더 크고 비밀한 하나님의 섭리 안에서 감리교단의 미래로 다가옵니다. 비록 지금 자격이 박탈되었지만 이것은 보다 더 완전한 하나님의 사람으로 훈련시키시는 광야 훈련입니다. 가장 흠 없고 정교하게 쓰시기 위한 하나님 작전 같네요. 법과 질서를 위해 순종하신 결정에 큰 박수를 보냅니다.

주병환. 2010-07-07 21:15:35

으음……. 부담금 납입 시기 문제로, 피선거권자의 경우 지정된 그 시기를 넘겼다는 이유로 후보 자격이 안 된다고 판결한 것이라면……. 다른 후보에 대해서도 동일한 판단의 잣대가 적용되어야겠습니다. 선관위의 판단을 존중, 용퇴를 결단하신 강 목사님께 정중히 예를 표합니다.

하나님이 보우하사. 2010-07-07 17:5

우리나라 만세! 애국가 가사입니다. 그렇습니다. 인간들의 각축장에서도 절묘한 하나님의 섭리를 느낍니다. 하나님께서 강 목사님을 많이 사랑하시는 것 같네요. 강 목사님, 존경합니다. 분명히 강 목사님의 때가 올 것입니다. 모처럼 당당뉴스 보고 은혜 받습니다.('아이티 빵공장' 기사와 함께~) 주님, 감리교회를 긍휼히 여기시고 불쌍히 여겨 주소서!

AKD. 2010-07-07 16:53:55

참 잘하셨습니다. 김국도 목사님도 이런 결단을 할 줄 아는 분이셨더라면 애초에 감리교가 이 지경이 되지는 않았을 텐데요.^^

주애중. 2010-07-07 16:15:18

감리교에 희망이 보이는 것 같습니다. 목사님이 그 손만한 작은 구름처럼 보입니다. 양보할 사람들은 그냥 있고. 존경하고 사랑합니다. 제가 총대가 된다면 한 표를 찍겠습니다. 로마서 8장 28절이 생각납니다. 조금만 기다리면 새 시대가 올 것이고, 목사님을 하나님이 세울 것입니다. 잘 다녀오세요. 해외에…….

農땡이. 2010-07-07 15:29:28

감리교법을 하나님의 명령으로 생각하셔서 결단하신 목사님을 존경합니다. 후보 자리를 잃을 것이 아니라 다음 세대를 위하여 후보 자리를 보관하시는 하나님인 줄로 믿습니다.

낙원. 2010-07-07 11:49:01

참 잘되었습니다. 하고 싶은 일은 다음에 또 기회가 올 것입니다. 사명이 있는 한 하나님께서 밀어 주시리라 믿습니다. 정치판은 흙탕입니다. 고 박대선 목사님처럼, 안 하신다고 사양하는 것 마다 하고 연회원들이 뽑아 놓고 모시러 가서 감독님이 되셨으니 일해 주십시오. 이런 아름다운 모습으로 감독회장 한번 하시기를 바랍니다.

조생각. 2010-07-07 11:22:42

강문호 목사님, 참으로 안타깝지만 법과 질서를 지키려고 용퇴하시는 모습이 너무나 아름답습니다. 언젠가는 하나님께서 강 목사님을 우리 감리교회를 위하여 사용하실 날이 올 것입니다. 너무 실망하지 마시고 뒤에서 기도하시는 교우들과 위로하고 격려하시는 150만 감리교인과 지금도 우리와 함께 계시는 임마누엘의 하나님이 함께하심을 믿고 더욱 감리교회를 위하여 기도하시고 더 큰 교단이 되도록 기도하여 주시기 바랍니다. 목사님의 결단에 찬사를 보냅니다.

이종철. 2010-09-10 23:46:53
멋진 목사님! 강문호 목사님!
제28회 감독회장 후보로 나오셨던 강문호 목사님
새삼 생각에 떠올려 봅니다. 퍽이나 인상적이셨습니다!
12월 31일까지 부담금 납부하지 못함에 감독회장 후보에서 미련 없이 물러나셨습니다.
미래 감리회를 이끌어 갈 명분과 존경을 받으셨습니다.
구차하지 않으셨습니다.
후배 교역자들과 성도들의 귀감이셨습니다.
멋진 목사님! 강문호 목사님!

박희로. 2010-07-08 23:46:12
목사님은 하나님이 참으로 사랑하십니다. 감독회장 출마에 얼마나 마음 졸이고 기도했는지 모릅니다. 누가 되시든 근본적으로 원

점에서 풀지 아니하고는 진흙탕을 벗어나지 못합니다. 저는 평신도로, 얼마 지나지 아니하면 은퇴하면 끝입니다.

1980년 초기부터 강문호 목사님 뵙고 늘 존경하면서 감리교회에 큰 일꾼으로 생각하면서 존경했는데, 금번 감독회장 출마에 주제넘게 무슨 말씀 드리지 못하고 안타까운 마음으로 발만 동동 굴렀는데, 역시 하나님은 목사님을 사랑하십니다. 솔직히 당선보다 떨어지기를 소원한 사람입니다. 먼저 하나님이 목사님을 크게 사랑한다고 믿겠습니다.

정통성을 지키고도 어려운 상황인데 태동부터 잘못 태동한 재선거관리위원회는 감리교회가 용서하지 못하고 하나님은 절대로 인정하지 않으리라 믿습니다.

평신도는 신앙으로 살아갑니다. 신학이나 사상은 더욱 아닙니다. 목사님, 건강하세요. 누가 그러대요. 시지부지라고. 다시 부를 때가 있을 때까지 기다리시면 감리교회와 주님께서 세워 주실 줄 믿습니다. 감리교회는 알고 있습니다. 이 역사의 현장을. 감리교회가 정상화되는 날 목사님은 크게 웃으실 것을 믿습니다.

김명섭. 2010-07-08 11:36:02
저는 기호 2번 강문호 목사님을 지지합니다.
피선거권을 잃어버린 강문호 목사님께.

필자는 모교의 대선배이신 강문호 목사님과 일면식도 없다. 그분의 유명한 성막 강연이나 유수한 저서들을 단 한 권도 접해 본 적도 없다. 물론, 그분의 목회적 지향과 성향도 필자와는 사뭇 다르다. 그럼에도 불구하고 강문호 목사님을 지지한다고 감히 말하는 이유는 2년 후에 치러질 감독회장 선거에 당당히(?) 투표권을 갖게 되기 때문만이 아니다. 단지, 후보 자격 박탈에 대하는 그분의 모습에서 미래의 유권자 한 사람으로서 진솔함과 담백함이 느껴졌기 때문이다.

"사람은 위기의 순간에 본심이 드러나고, 난세는 영웅을 만든다." 선거권을 박탈당한 강문호 목사님의 처지는, 교회는 빚에 허덕이고 사례비조차 받지 못하면서도 부담금을 납부하는 의무는 감당하면서도 공동체의 구성원으로서 가장 기본적인 권리인 선거권을 제도적으로 유린당해 온 연회 정회원 목회자들의 그것과 다르지 않다.

이번 일을 계기로 감리교 대중들의 시대적 요구와 감리교 공동체의 아픔을 더 많이 배우고 준비할 수 있는 충분한 시간과 기회가 되시길 바랄 뿐이다. 사실, 감리교 선거는 변변한 정책도 없이 인물 선거로 치러져 왔다. 작금의 재선거는 그 전형적인 실례이다. 감리교회의 가장 심각한 문제는 과학적이고 체계적인 분석에 의한 선교 정책이 없고, 그 정책을 수행할 행정 능력이 없는 이들이 그 자리를 차지하고 있으며, 선교 전략을 구상하고 추진할 역량 있는 인물을 선발하는 시스템을 갖고 있지 못하다는 것이다.

김동학. lovekorea04@hotmail.com 2010.7.9.
강문호, 그는 새 희망의 초석이 되었다.
죽어서 죽는 순교보다 어려운 살아서 죽는 생활 순교.

1. 망설임

개인의 삶을 두고 그가 살아 있을 때 평가하기란 정말 어렵다. 잘못하면 개인을 우상화하게 되거나 뜻하지 않은 인신공격으로 되기 때문이다. 성경에서 왕들의 역대기는 조심스럽게 기록되었다. 그러나 모두 진실하게 기록되었고 심지어 패륜과 불륜죄와 그 실상을 적나라하게 적었기에 성경은 '진실'의 책이며, 사람이 썼지만 '성령'의 감동으로 된 것이다.

이번에 우리 감리교 재선거 국면에서 우리를 잔잔하지만 크게 감동시키는 인물이 있으니 곧 강문호 목사이다.

나는 그를 개인적으로 한 번도 만난 적이 없다. 단지 내가 해외 선교사로 있을 때 그 목사님이 필리핀 한 군데만 정해 놓고 한 우물로 선교한다는 것과 그 유명한 '성막'을 강의하고 실제와 같은 모형을 만들었다는 정도.

그리고 정말 최근 기독교 방송에서 말씀하는 몇 편의 설교를 들었을 뿐이다. 그런데 그러던 그분이 어느 날 감독회장에 출마했다고 들었다. 이상했다. 무엇 때문에 그래서 어쩌면 그분이 말하는 소리를 듣고 싶어서도 정견 발표회를 생방송으로 들으려고 했는지도 모른다. 이 글은 누구의 부탁으로 쓰는 것도 아니고 늘 그렇듯이 원고 부탁을 받는 당당 뉴스가 아니기에 '자발적'이고 자원해서 쓰는 글임을 꼭 기억하시기 바란다.

2. 후보 심사 결과

그런데 며칠 후 부담금 심사에 걸려서 그만 도중에 낙마하셨다는 소식이 퍼졌다. 그리고 글을 써서 쭉 자신의 심경을 밝혔다. 줄줄이 정말 진실하고 솔직한 사연에 마음이 편하고 감사하기까지

하다. 이런 분이 우리 감리교에도 있었다니 평소에 설교만으로는 사람의 됨됨이를 다 평가할 수 없는 것이 목사이다. 누구든 강단에 서면 흰소리나 거짓말을 하려고 하는 목사는 없다. 그런데 왜 생활과 삶은 누군가의 표현대로 하면 '개판' 치는 목사니 '먹사' 니 하는 욕을 우리가 들어야 하는가?

강문호 목사는 결과에 순복했다. 그리고 이 사건을 기회로 더 열심히 설교하고 부흥회를 인도하고 교회를 섬기며 가족을 사랑하게 되는 기회로 감사했다. 물론 재정 장로님이나 사모님이 마음이 아프신 것이야 이루 말할 수 없겠고, 감독회장 공탁금을 빌려 주신 분도 그렇고 부담금을 제때 못 내드린 교회에 오죽하랴마는. 우리는 이 사건을 감리교회 새 희망을 놓는 초석으로 느끼는 것은 나의 생각만이 아닌 것을 하늘이 알고 땅이 알 것이다.

그는 순종할 뿐 아니라 중도에 아직은 개변될 것이 많은 감리교 교회 정치판에 '충격'과 '희망'을 화두로 던졌다. 그는 어떤 의미에서 큰 흐름에서 보면 죽는 순교가 아닌 살아서 희생한 생활 순교인이 되었다. 실제로 많은 사람들이 자신이 나라와 민족을 위해서 죽겠다고 하지만 들여다보면 뒤에서 돈과 명예 그리고 권력을 누려온 것이 사실이다. 정말 예수님처럼 살면서 희생하는—십자가를 지는 자기부인과 희생—을 하라면 손사래를 칠 그들이다.

문득 이런 생각이 든다. 만약 주님이 몇 분들에게 찾아가서 '너 나를 따를래, 감독회장 할래' 하면 대부분이 '나 도와주세요, 주님, 감독회장 이번에 못하면 그대로 은퇴합니다' 하면서 주님을 자신의 출세와 성공에 이용하려는 분이 많을 것이라고 생각했다. 그런데 강문호 목사에 이르러서는 다르다.

결론을 말한다면, 그는 지금 감리교의 혼돈기에 이전에도 하지 못했고 이후에도 나오지 못할 법한 현직 감독회장이나 감독들이 직책 가운데서 한 일보다 한 '의로운' 목사요 목회자가 순종함으로 하나님은 아마도 감리교회를 주님의 교회와 교단으로 돌려 놓으시고 말 것이다.

3. 아부도 아니고 '용비어천가'는 더욱 아니다. 위로다.

이런 글을 읽을 사람이 얼마나 될까? 그리고 얼마나 나의 진심을 믿어줄까 하면서 글에 대해서 망설였지만 '악을 미워하고 선에 속하려면' 당연히 선하고 의로운 자의 편에서 말해야 한다. 나는 강문호 목사를 통해서 얻을 이익도 명예도 물질도 하나 없는 사람이다.

나는 하나님께 아부하고 하나님에게 잘 보이려고 이때까지 살았다. 그 잘난 연회 소속도 정치적으로 결정되기 싫고 아부하기 싫어서 지금껏 '백의종군' 평신도처럼 자비량하고 병정을 다니는 선교사다. 그의 꿈도 아무지다. 감리교 컨벤션센터와 해외 선교, 하나님의 마음을 가졌으니 감리교회를 사심 없이 섬기고 싶은 그분의 마음을 읽는다. 모두 꿈대로 될 것이다.

우리는 2006년 세계감리교대회를 잘 치렀다……. 언제 또 기회가 올지는 모르지만 우리가 다시 화합하고 단결하여 하나님을 높이고 복음을 전하면 기회가 올 것이다. 그걸 대비해서 세계적인 회의와 모임을 개최할 '센터' 하나쯤은 가져야 한다. 큰 교회에 잘 보여서 장소 허락받거나 후원금 내게 하는 교단보다는 그런 장소 하나쯤 가지면 얼마나 좋은가? 록펠러가 기증한 미연합감리교 선교국에 방문했던 나는 정말 감사했다(1991년 뉴욕 미연합교회 초청).

그의 꿈이 아닌 우리의 꿈이 되고 월드컵 16강보다 더 좋은 성적을 낼 수 있는 한국 팀처럼 우리 감리교회가 자기를 희생하는 지도자와 눈물을 흘리는 진정한 감독─폴리캅 같은─을 가지게 되길 기도하면서…….

강문호 목사의 기도와 눈물, 우리의 기도와 눈물이 황무한 감리교회의 땅을 적시고 아프리카와 아시아, 그리고 주님이 오실 새 예루살렘까지……. 남북을 잇는 십자가의 가교가 되기를 빌며. 위로를 드립니다. 당신은 진 것이 아니라 이겼고, 당신은 감독회장보다 더 큰 감동을 우리에게 주었습니다. 교회와 가정에 주님의 축복이 함께하시길…….

2010년 7월 9일

감리교회 정상화를 바라는 감리교 은퇴(퇴회)목사

본래 이 글 제목은 "후보를 사퇴당하며"였습니다. 그런데 당당 뉴스의 심자득 목사가 내 글 중에 나오는 말 한마디를 제목으로 잡아 주었으면 좋겠다고 제안하여 그렇게 한 것이었습니다.

이 글은 일파만파를 일으켰습니다.

댓글들이 달리기 시작하였습니다. 대표적인 댓글들입니다.

• 강문호 목사님같이 참신한 인물이 감독회장 재선거에 출마하는 것을 보고 처음에는 믿기지가 않았습니다. '아직 젊고 뭣 하나 부러울 것 없는 사람이 갑자기 확 돌았나?' 생각했습니다. 그

런데 나중에 생각해보니 그것은 그의 말처럼 그가 진정 감리교회를 사랑하지 않으면 도저히 있을 수 없는 살신성인의 결단이란 생각이 들었습니다. 그렇기에 재선위의 여러 가지 불법성에도 불구하고 한 가닥 희망을 걸었습니다. 그것은 그가 당선되면 김국도 목사 세력까지도 다 포용하고 갈 것이란 판단이 들었기 때문입니다.

그런데 이윽고 후보 반려 소식을 접했습니다. 어린애들 장난도 아니고 참 어이가 없었습니다. 충분히 이해되어질 수 있는 흠을 가지고 후보 자격을 박탈하는 재선관위원들에게 분노가 났습니다. 그런데 바로 선관위의 결정을 수용하는 그의 글을 읽고 더 큰 희망을 갖게 되었습니다. 그 희망은 아직 하나님이 우리 감리교회를 버리지 않으셨다는 믿음이 생겼기 때문입니다. 그가 다음에 또 나올지 안 나올지는 그의 말처럼 하나님만이 아실 것입니다. 그러나 이번 재선거 국면에서 최대의 수혜자는 강문호 목사, 그 자신이란 생각이 드는 것은 나만의 생각일까요?

- 전 개인적으로 참 마음에 와 닿는 목사님이셨습니다. 인터뷰의 내용을 보아 정말 올곧으시고, 아닌 것은 아닌 것으로 판단하실 분이었습니다. 단지 잘 진행이 종결될지도 모르는 진흙탕 에서 빠지셔서 일정기간 고생만 하셨습니다.

- 강 목사님!

힘내세요. 목사님은 복이 많은 분이십니다! 하나님은 한쪽 문을 닫으시면서 다른 문을 열어주시는 분입니다. '하나님 마음에 합한 자'가 되시기 바랍니다.

• 역시 법과 질서를 지키시며 하나님을 사랑하시는 선함이 모두를 감동시킵니다. 참으로 잘하셨습니다. 다음세대를 위해서 예비하심을 믿습니다. 더 크고 비밀한 하나님의 섭리 안에서 감리교단의 미래로 다가옵니다.

비록 지금 자격이 박탈되었지만 이것은 보다 더 완전한 하나님의 사람으로 훈련시키시는 광야 훈련입니다. 가장 흠없고 정교하게 쓰시기 위한 하나님작전 같네요. 법과 질서를 위해 순종하신 결정에 큰 박수를 보냅니다.

• 으음…… 부담금 납입 시기 문제로, 피선거권자의 경우 지정된 그 시기를 넘겼다는 이유로 후보 자격이 안 된다고 판결한 것이라면 다른 후보에 대해서도 동일한 판단의 잣대가 적용되어야겠습니다.

• 선관위의 판단을 존중 용퇴를 결단하신 강 목사님께 정중히 예를 표합니다.

• 하나님이 보우하사 우리나라 만세!

애국가 가사입니다. 그렇습니다. 인간들의 각축장에서도 절묘한 하나님의 섭리를 느낍니다. 하나님께서 강 목사님을 많이 사랑하시는 것 같네요. 강 목사님, 존경합니다. 분명히 강 목사님의 때가 올 것입니다. 모처럼 당당뉴스 보고 은혜받습니다.

• 감리교에 희망이 보이는 것 같습니다. 목사님이 그 손만한

작은 구름처럼 보입니다. 양보할 사람들은 그냥 있고…….

존경하고 사랑합니다. 제가 총대가 된다면 한 표를 찍겠습니다. 로마서 8장 28절이 생각납니다. 조금만 기다리면 새 시대가 올 것이고, 목사님을 하나님이 세울 것입니다.

- 감리교법을 하나님의 명령으로 생각하셔서 결단하신 목사님 존경합니다. 후보 자리를 잃을 것이 아니라 다음세대를 위하여 후보 자리를 보관하시는 하나님인 줄로 믿습니다.

- 참 잘되었습니다. 하고 싶은 일은 다음에 또 기회가 올 것입니다. 사명이 있는 한 하나님께서 밀어 주시리라 믿습니다. 정치판은 흙탕입니다. 고 박대선 목사님처럼 안 하신다고 사양하는 것 마다하고 연회원들이 뽑아 놓고 모시러 가서 감독님이 되셨으니 일해 주십시오. 이런 아름다운 모습으로 감독회장 한번 하시기를 바랍니다.

- 강문호 목사님.
참으로 안타깝지만 법과 질서를 지키려고 용퇴하시는 모습이 너무나 아름답습니다. 언젠가는 하나님께서 강 목사님을 우리 감리교회를 위하여 사용하실 날이 올 것입니다. 너무 실망하지 마시고 뒤에서 기도하시는 교우들과 위로하고 격려하시는 150만 감리교인과 지금도 우리와 함께 계시는 임마누엘의 하나님이 함께하심을 믿고 더욱 감리교회를 위하여 기도하시고 더 큰 교단이 되도록 기도하여 주시기 바랍니다. 목사님의 결단에 찬사를 보냅니다.

일 년 동안 감독회장 선거에 휘말리면서 1년 동안 성막 세미나가 중단되었습니다. 그동안 왜 성막 세미나를 중단하였느냐는 전화가 빗발쳤습니다. 언제 다시 성막 세미나를 하느냐는 전화가 계속 벨을 울렸습니다.

239기로 중단되었습니다.

그러나 후보 자리를 잃은 후 제일 먼저 한 것이 240기 성막 세미나였습니다. 우리 교회에서 잘 수 있는 능력이 90명입니다. 90명을 모집하였습니다. 그러나 사정하는 이들 때문에 98명으로 제한하느라고 사무실에서는 고역을 치러야 했습니다.

성막 세미나를 일 년 만에 다시 하면서 마치 고향에 돌아온 것 같았습니다. 제 사명을 찾은 것 같은 아늑함을 맛보았습니다.

참여한 모든 분들이 행복감을 느끼고 있는 것을 보았습니다. 성막 세미나는 하나님께서 저에게만 주신 선물임을 절감하였습니다.

성막과 기독교 대상

2010년 10월 말입니다.

세계 기독교 선교 단체에서 만나자는 연락이 왔습니다. 해마다 목회자 부문에서 한 명, 부흥사 부문에서 한 명, 선교사 부문에서 한 명, 그리고 평신도 남녀 2명, 이렇게 5명을 뽑아서 대상을 수여하고 있습니다.

19년 되었습니다. 1회 수상자는 한경직 목사님, 2회 조용기 목사님, 4회 김삼환 목사님입니다. 19년째 된 금년 수상자로 제가 결정이 되었다는 것입니다.

첫 감정은 놀라움이었습니다.

두 번째 감정은 부끄러움이었습니다. 그리고 마음속에 이런 생각이 들었습니다.

'잘해서 주는 상이 아니라 잘하라고 주는 상이로구나.'

아버지 대를 이어 목회하기 싫어서 의사가 되려고 서울대 의과대학에 지원하였던 초기 시절이 회상되며 얼굴이 빨개지기도 하였습니다. 빈민촌에 들어가서 첫 목회를 하면서 굶었던 초기부터 생각이 나기 시작하였습니다. 팬티가 하나밖에 없어서 저녁이면 수영복을 입고 빨아 널었다가 다시 입던 초기 목회가 떠올랐습니다.

성막 공부 하느라고 코피를 흘리며 혼자 싸우던 생각이 났습니다. 어느 신학교 조직신학 교수님이 제 앞에서 말했습니다.

"성막론을 A4 용지 5장 이상 쓰는 사람은 이단이다."

그러나 참고 묵묵히 성막을 지켜 왔던 생각에 눈물이 핑그르르 흘러 내렸습니다. 21년 동안 36,000명 목사님들과 함께한 세월이 주마등같이 지나갔습니다. 91권 책을 번역하고 저술하느라고 허리가 부러지도록 책상 앞에 앉아 공부하던 생각이 스쳐 갔습니다.

강남에서 강북으로 교회를 이전하느라고 피가 마르던 시간이 왈칵 눈물로 쏟아졌습니다. 파나이 섬에 500개의 교회를 세우겠다고 이리 뛰고 저리 달리던 순간들이 계속 필름처럼 이어졌습니다.

목회자 대상을 받는다고 생각하니 새삼스럽게 새로운 다짐을 하게 되었습니다.

"더 잘하자."

"더 하나님께 영광을 돌리자."

이제 시작입니다.

✤ 2010년 11월 15일 대상 수여식

앰배서더 호텔에서 300명 내외빈을 모시고 대상 수여식이 있었습니다. 목회자 부문에서는 제가, 부흥사 부문에서는 강풍일 목사가 수상하였습니다. 임동진 목사, 고은아 권사가 와서 저를 격려해 주었습니다.

인사말에서 저는 이렇게 말했습니다.

> 제가 수상자가 되었다는 말을 듣고 저는 주님의 사진을 앞에 놓고 물었습니다.
> "주님! 내가 상을 받을 자격이 있습니까?"
> 주님의 대답은 분명하였습니다.
> "없다. 잘해서 준 상이 아니라 잘하라고 준 상이다. 업적이 있어서 준 상이 아니라 업적을 이루라고 준 상이다."
> 심사위원들은 실수하셨습니다. 저는 자격이 없습니다. 더 잘하겠습니다.

성막은 저에게 대상까지 안겨 주었습니다.

성막 교훈을 목회 철학으로

6평짜리 하나님의 방

성막은 양파론입니다.
우주의 중심은 지구입니다.
지구의 중심은 이스라엘입니다.
이스라엘의 중심은 예루살렘입니다.
예루살렘의 중심은 성전입니다.
성전의 중심은 지성소입니다.
지성소의 중심은 법궤입니다.

그런데 성전의 지성소는 조금 넓지만 성막의 지성소는 6평입니다. 우주의 왕이신 하나님의 지상 집무실이 6평이라는 사실에 저는 놀랐습니다. 하나님은 검소하신 분입니다.

성막 강의를 듣고 워싱턴에 살고 계시는 김태평 집사님이 성막론 책을 저술하였습니다. 제목은 "6평짜리 하나님의 방"입니다. 제가 성막 강의를 하다가 하나님의 방이 6평이라는 사실에 충격을 받은 것입니다.

저는 검소하게 살아야겠다는 마음을 가지게 되었습니다. 더구나 저는 감리교 목사입니다. 감리교의 창설자 존 웨슬리 목사님이 하나님의 부르심을 받고 나니 덮던 이불, 입던 옷, 보던 책, 사용하던 식기가 남은 것의 전부였습니다. 저도 사유 재산을 갖지 않고 싶었습니다. 돈이 따르는 제게 돈을 포기한다는 것은 그리 쉬운 것이 아니었습니다.

그러나 아내의 동의를 얻어야 했습니다. 저는 아내에게 말했습니다.
"여보! 우리 재산을 거부하고 깨끗이 살자."
아내가 거부하며 말했습니다.
"당신은 깨끗이 살아요. 저는 재미있게 살고 싶어요."
깨끗이 살자는 저와 재미있게 살겠다는 아내와 맞을 리가 없었습니다. 그러나 얼마 후 아내와 그런 면에 하나가 되었습니다. 제 사유 재산을 모두 정리하였습니다. 그리고 모두를 하나님께 드렸습니다. 지금은 교회 8층에 조그만 방에서 아내와 침대 하나를 놓고 살고 있습니다. 그렇게 행복할 수 없습니다.

천하를 다 얻은 것 같습니다. 무소유로 살고 싶습니다. 하나님은 6평에서 살고 계시는 검소하신 하나님이십니다.

우리 교회 장로님들에게도 말씀드렸습니다.
"내가 은퇴하게 되면 집을 마련해 주십시오. 그런데 조건이 있습니다. 교회 이름으로 사놓으시고 나와 아내가 죽으면 도로 교회에서 가지고 가십시오."

이렇게 모든 것을 내려놓고 살다 보니 하나님은 더 큰 축복을 주셨습니다.

다음은 목사님들이 보시는 <월간 목회>에 실린 글 그대로입니다.

목사 딸 시집보내기

저에게는 귀여운 딸 라미와 듬직한 아들 희일, 두 자녀가 있습니다.

어느 자식이나 그런 것처럼 늘 아빠 엄마의 전부같이 귀여웠습니다. 딸은 미국에서 7년 공부하고 귀국하였습니다. 이제 취직하는 일이 남아 있었습니다. 그러나 마침 IMF로 인하여 좀처럼 일자리를 구할 수가 없었습니다. 퇴출자가 쏟아져 나올 때 귀국하였기 때문입니다. 이력서를 수십 장 복사해 놓고 신문을 몇 개 구독하면서 광고 나는 곳에는 다 넣어 보았지만 허사였습니다. 그렇게 공부 많이 한 것이 소용없다는 허탈감도 있었습니다.

그러던 어느 날 인터넷에 한화그룹 회장 비서실에서 국제 관계 비서를 모집한다는 광고가 올라왔습니다. 지원하였습니다. 1차 시험을 보았습니다. 그 그룹 차장 아들과 둘 남았습니다. 이제 둘 중의 하나입니다. 저는 딸과 아내와 앉아서 말했습니다.

"사람은 판단력이 빠르고 정확해야 해. 차장 아들과 너, 이렇게 두 명을 남긴 것은 분명히 네가 들러리라는 것이다. 아예 포기해라. 그리고 아빠가 너를 7년간 유학시킨 것은 하나님이 너를 쓰시라고 공부시켰지, 사람이 너를 쓰라고 공부시키지 않았다. 포기해라."

이 말을 듣고 아내가 말했습니다.

"여보! 나 3일 금식 기도 할래요."

"기도해도 안 된다니까? 들러리라니까?"

"당신 강대상에서 항상 기도하면 된다고 하였잖아요?"

"그 말은 강대상 용어야."

제가 말려도 아내는 3일 금식을 하였습니다. 저도 미안하여 한 끼 겨우 같이 금식하였습니다. 드디어 시험을 보았습니다. 딸은 선택되었습니다. 아내의 기도를 하나님이 들으셨습니다.

그러나 딸은 27살이 되어도 남자 한 명 사귀어 본 적도 없고, 집으로 남자에게 전화 한번 온 적도 없었습니다. 그래서 할 수 없이 제가 서둘러야 했습니다. 부흥회 나가거나 어디를 가도 사윗감을 찾기 시작하였습니다. 성막 세미나에서는 공개적으로 딸을 소개하기도 하였습니다.

추수 감사와 365,000원

세월이 흐르면서 추수감사절이 다가오고 있었습니다. 준비 기도를 하고 있었습니다. 그런데 해마다 느끼는 것이지만 장로, 권사, 집사 등 임원들이 추수 감사 헌금을 5만 원, 10만 원 드리는 것이 몹시 거슬렸습니다. 1년 감사를 하나님께 드린다고 하면서 어떻게 신발 한 켤레 값도 못 드리는지 상상이 되지 않았습니다. 맹장에 걸리면 돈이 없어도 200만 원이라도 꾸어서 수술하는데, 어떻게 내 생명을 구원해 주신 하나님께 그렇게 드리는지 이해할 수가 없었습니다.

그래서 금년에는 한 달 전에 추수 감사에 대한 설교를 하기로 작정하였습니다. 저는 이렇게 성도들에게 말했습니다.

"이번 추수 감사 헌금은 한 가정에 최소 365,000원을 하나님께 드려야 합니다. 그 좋으신 하나님께 1년에 한 번 감사드리면서 하루에 1,000원씩만 드린다 해도, 1년이면 365,000원 아닙니까? 나이키 신발 한 켤레도 10만 원인데, 하나님께 드리는 데 너무 인색하지 마십시오. 꾸어서라도 금년 추수감사절에는 365,000원을 최소 단위로 드리십시오."

성도들의 추수 감사 헌금 드리는 자세를 바꾸려고 돈 이야기 잘 안 하는 저는 저답지 않게 강력하게 설교하였습니다. 그리고 한 달 동안 주일마다 잊지 않도록 회상시켰습니다. 분위기를 파악해 보니 온 교인들이 순종할 자세였습니다. 아름다운 교인들이었습니다. 아주 가난한 가정도 꾸어서라도 이번 감사절에는 365,000원을 드리겠다고 하는 이야기가 들려옵니다.

드디어 다음 주일이 추수감사절입니다. 일주일 앞두고 가만히 생각해 보니, 다음 주에는 재정부원들이 고생을 많이 할 것 같은 생각이 들었습니다. 그래서 주보에 재정부 온라인 번호를 넣었습니다. 그리고 제가 광고하였습니다.

"우리 성도 여러분! 모두가 이번 추수감사절에는 365,000원씩 준비하고 있다는 분위기를 보고 기뻤습니다. 그런데 다음 주에 헌금하면 재정부에서 돈 세느라고 고생할 것 같습니다. 재정부 온라인 번호를 주보에 넣었습니다. 이번 주에는 수고스러워도 은행에 가서 저금으로 헌금하시면 좋겠습니다. 그러면 재정부에서 셀 필요도 없이 헌금이 정리될 것입니다."

순수한 우리 성도들은 주간 내내 은행을 드나들었습니다. 저도 은행에 갔습니다. 성도들에게는 한 가정에 365,000원씩 하라고 하였지만, 저는 목사로서 아무래도 적은 것 같았습니다. 그래서 한 식구별로 365,000원씩 하기로 작정하였습니다. 그렇게 돈을 가지고 은행에 갔습니다. 지점장님이 뛰어나와 저를 맞았습니다. 우리 교회 거래 은행입니다. 앞으로 건축을 위하여 많은 돈이 저축되어 있었습니다. 그래서 저를 항상 귀빈 대접을 해주었습니다. 지점장님은 제가 가기만 하면 지점장실로 안내하고, 은행원을 불러서 일처리를 하게 하였습니다. 저는 미안하여 말했습니다.

"이 은행에 있는 돈은 모두 다 하나님의 돈이고, 우리 교회 돈이지, 제 돈은 없습니다. 저를 그렇게 대할 필요가 없습니다."

그러면 지점장님은 항상 이렇게 말합니다.

"저도 알아요. 목사님! 그렇지만 목사님이 우리 은행 사용하지 않고 다른 은행 사용하라고 하시면 이 돈이 다 빠져 나가지 않습니까? 우리는 목사님을 잘 모실 것입니다."

저는 속으로 싫지 않았습니다. 저금을 하러 왔다고 하니까 미스 박을 불렀습니다. 미스 박이 들어와 물었습니다.

"이름과 액수를 말해 주십시오."

"강문호 365,000원, 아내 이예진 365,000원, 딸 강라미 365,000원, 아들 강희일 365,000원."

"목사님! 왜 365,000원씩이에요? 그리고 갈보리 교인들은 오기만 하면 365,000원인데 무슨 이유가 있어요?"

저는 웃으면서 말했습니다.

"미스 박은 몰라도 돼요."

그리고 다 끝났다고 일어나려고 하는데 성령님이 이렇게 말씀하시는 것이었습니다.

'강문호야! 네 가정의 가장 큰 기도 제목이 무엇이냐?'

'딸 시집가는 것이 우리 가정에는 가장 큰 기도 제목입니다.'

'그러면 이번 추수감사절에 사위를 얻은 것으로 믿고 사위 이름으로 하나 더 하지.'

저는 이런 성령의 영감을 받고 나가려는 미스 박을 불렀습니다. 그리고 말했습니다.

"한 명도 더 저금 받으세요."

"누구 이름으로요?"

저는 사위 이름을 알 수가 없었습니다. 그러나 순간적으로 나오는 말이 '강 사위'라고 하였습니다. 미스 박은 "강 사위라는 이름도 있어요?"라고 물었습니다. 저는 웃기만 하였습니다. 강 사위라는 이름으로 365,000원을 저금하였습니다.

재정부에서 통장을 정리하다가 '강 사위'라는 이름을 발견하고 제게 강 사위가 누구냐고 물었습니다. 저는 사정 이야기를 하였습니다. 모두가 웃었습니다.

강 사위가 나타나다

온 교인들이 목사님이 '강 사위' 이름으로 추수 감사 헌금을 하고 기도하고 있다는 것을 다 알게 되었습니다. 모두 같이 기도해 주었습니다.

그러던 어느 날 바로 옆의 아멘교회 부흥회를 인도하게 되었습니다. 5분 거리도 안 되는 옆 교회인데 저를 강사로 모신 아멘교회 조창환 목사님은 정말 용기 있는 목사님이라고 여기고, 부흥회를 인도하였습니다.

둘째 날 오전 성경 공부를 마치고 점심식사를 하러 일식집에 둘러앉았습니다. 저는 식사를 하면서 말했습니다.

"우리 딸 시집 좀 보내 주세요."

이 말을 들은, 식사를 대접하는 조화숙 여자 장로님이 어떤 딸이냐고 물었습니다. 저는 거침없이 딸 자랑을 하였습니다. 미국 유학 7년, 한화그룹 국제부에서 일하는 것 등 좋은 것만 소개하였습니다. 장로님은 즉석에서 자기가 기도하고 있는 며느리라는 것이었습니다. 사업가였습니다. 외아들의 짝을 위하여 기도 중이었다는 것이었습니다. 해외의 많은 지사와 연결되어 있기에 국제 사회를 알고, 영어를 알고, 믿음이 있는 자부를 놓고 기도를 맹렬히 하고 있었는데, 바로 맞는다는 것이었습니다.

신비할 정도로 서로 맞았습니다. 저는 이렇게 옆 교회가 저를 부흥 강사로 부른 것은 이런 뜻이 있음을 알았습니다. 둘이 서로 만나 보더니 둘 다 한결같이 좋다는 것이었습니다. 초고속으로 모든 일이 진행되었습니다.

드디어 약혼을 하였습니다. 결혼을 앞두게 되었습니다. 신랑 집에서 매리어트 호텔을 결혼 장소로 선택하였습니다. 가난한 목사 가정으로서는 호텔 결혼이 부담스러웠습니다. 물질적으로 부담스러운 것은 물론이고, 검소하게 살라고 강조해 온 제 말이 어긋나는 것 같은 것이 더 부담스러웠습니다.

우리 교회 13분 장로님들과 의논하였습니다. 목사가 호텔에서 결혼식을 해서는 안 된다는 장로님이 한 분 계셨습니다. 나머지는 신랑 집에 따라야 한다고 말해 주었습니다. 따르기로 하였습니다. 그러나 비용이 걱정이었습니다.

축의금을 첫 열매로

그런데 결혼을 앞두고 기도하는데 하나님의 음성이 들렸습니다.

"강문호야! 네 딸이 시집 가서 잘살기를 원하느냐?"

"하나님! 어느 부모가 딸이 잘 못살기를 바라겠어요?"

"그러면 내게 잘 보여야 한다. 결혼 첫 열매를 내게 드려라."

"첫 열매가 무엇입니까?"

"결혼 축의금이 첫 열매다."

"하나님! 그 돈은 호텔 결혼식 비용에 써야 하는데요……."

"드려라."

하나님은 냉정하셨습니다. 그래서 장로님들에게 말씀드렸습니다. 결혼식 축의금은 재정부에서 받아서 하나님께 모두 드리라고 말씀드렸습니다. 저는 지금까지 결혼 축의금을 결혼 첫 열매로 드렸다는 말을 들어 본 적이 없었습니다. 장로님들도 모두 놀랐습니다. 그러나 하나님이 그렇게 말씀하시니 하나님의 말씀을 모두 따르기로 하였습니다.

결혼식

결혼을 축하하며 거의 1,000여 명의 정도가 호텔을 찾았습니다. 성대한 결혼식이었습니다. 감리교 사모 성가대까지 동원되었습니다. 소리엘 두 가수도 축가를 부르러 왔습니다. 라미 친구들이었기에 초대 손님이 아니라 축하객으로 와서 축가를 불러 주었습니다. 부산, 광주, 울산, 대전 등 각지에서 귀한 분들이 많이 오셔서 축하해 주셨습니다.

성대한 결혼식이었습니다. 성가대가 기도 후, 설교 전, 설교 후 찬양하니까 마치 주일 낮 예배를 드리는 것 같았습니다. 모두의 평가가 일치하였습니다.

"이렇게 은혜로운 결혼식은 처음 보았다."

헌금

축의금을 계산하니 약 3,000만 원이었습니다. 그동안 우리 집으로 우편이나 온라인으로 온 것 300만 원 가량을 그대로 넘겼습니다. 정확하게 하고 싶었습니다. 재정부에서는 3,000만 원에 놀라지 않고 집으로 온 것을 다 넘기는 데서 놀랐습니다. 첫 열매를 드리는 마음은 흐뭇하였습니다.

뒤처리

모두를 환송하고 나서 호텔에는 우리 사돈과만 마주앉았습니다. 서로 하나님의 은혜에 감사드렸습니다. 호텔 지배인이 계산서를 가지고 왔습니다. 4,900만 원이었습니다. 저는 이렇게 식사비가 많이 나온 것은 처음 보았습니다. 사돈댁이 말했습니다.

"목사님이 하라는 대로 할게요."

나는 얼른 말했습니다.

"장로님 댁이 부자니까 많이 내세요. 우리가 2,400만 원 낼 테니, 그쪽에서 2,500만 원 내세요. 그리고 신혼여행에서 돌아오면 파티 합시다. 그 비용은 우리 부담입니다."

그렇게 계산하고 집으로 돌아왔습니다. 물론 카드 세 개로 나누어 지불하였습니다.

그리고 돌아와서 딸아이 방에 들어갔습니다. 어제까지 있던 딸이 없으니, 그 자리에 앉아서 펑펑 울었습니다. 딸 생각 20%, 돈 생각 80%였습니다. 딸을 가난한 목사가 시집을 보내고 나니 빚이 많이 남

앉습니다.

한참 울다가 안방으로 오니 아내도 눈물을 흘리고 있었습니다. 저희 둘은 같이 울다가 결혼 빚을 적어 보았습니다. 우리 살림에 3년은 갚아야 했습니다.

두 가지 선물

3일 후 사돈이 우리 집을 찾았습니다. 그리고 2,400만 원을 주면서 말했습니다.

"3일 동안 자는데 카드 세 장이 왔다갔다해서 잘 수가 없었습니다. 가난한 목사님 카드로 긁었으니 얼마나 어려울까 해서 가지고 왔습니다."

저는 "이런 것을 왜 가지고 오세요?" 하면서 얼른 받았습니다. 또 며칠이 지났습니다.

우리 교회 장로님들이 5,000만 원 정도의 승용차를 끌어다가 놓아 주셨습니다. 제가 헌금한 것에 보태어서 자동차를 바꾸었다는 것입니다.

모든 영광을 하나님께 돌립니다.

❖ 앞으로의 계획

저는 이 책을 크루즈 여행을 하면서 배에서 썼습니다.

임동진 목사, 노문환 목사, 그리고 고은아 권사와 함께 즐기면서 녹화하면서 여행 중에 집필하였습니다.

이집트, 이스라엘, 그리고 터키 로마를 크루즈로 돌았습니다. 1조 원이나 되는 배입니다. 63빌딩을 눕혀 놓은 것보다 40m가 긴 배입니다. 모두 280m입니다. 11층입니다. 78,500톤입니다. 55개 국가에서 2,000명 정도가 탔습니다. 승무원이 770명입니다.

한번 여행에 100억 원을 소비하는 배입니다. 여행에도 한번에 100억을 사용하는데, 좀더 큰 마음을 가지고 싶었습니다.

"네 입을 넓게 열라 내가 채우리라"(시 81:10).

앞으로 하고 싶은 일들이 많습니다. 인생은 짧고 할 일은 많습니다. 세계는 넓고 시간은 제한되어 있습니다. 오라는 곳은 없어도 갈 곳은 많습니다. 하고 싶은 일들을 다 하면서 살 수는 없습니다.

하나님은 우리를 놀이터로 부르시지 않고 일터로 부르셨습니다. 에덴동산은 아담의 쉼터가 아니라 일터였습니다. 지켜야 했고, 다스려야 했고, 생육 그리고 번성해야 했습니다. 그러나 쓸데없는 데 신경을 쓰다가 에덴을 빼앗기고 말았습니다.

성막의 미래를 어떻게 열까에 대하여 거룩한 고민을 하고 있습니다.

1. 이스라엘에서 성막을 알리기

고려 대상입니다.

지금 이스라엘과 애굽은 1년에 1,100만 명이 다녀가고 있습니다. 87억 달러의 관광 수입을 올리고 있습니다.

이스라엘 랍비 한 분이 저에게 사람들을 일부러 보냈습니다. 한국으로 왔습니다. 그리고 말했습니다. 텔아비브 공항 옆에 성막을 세울 땅을 준비하였습니다. 성막을 약 300만 달러 정도 예산으로 지어서 비행기 타기 전에 둘러보고 예수님을 안고 돌아가게 만들고 싶다는 것입니다. 같이 하자고 하는 것입니다.

100만 달러 정도를 투자해 달라고 합니다. 그리고 수입은 비례로 나누자고 합니다. 저는 사업가가 아니라고 일단 거절하였습니다. 대신에 그렇게 원하는 이를 찾아 공동 협력하게 하겠다고 약속하였습니다.

저는 목회자의 신분입니다. 돈과 연결된 일을 하면 안 됩니다. 해도 실패입니다. 저는 오직 복음을 전하는 일에만 전력해야 합니다.

성막으로 사업하는 일은 거절입니다.

2. 하고 싶은 일

저는 성막과 함께 21년을 살아왔습니다. 성막과 함께 살아갈 것입니다. 주님을 위하여 평생을 살아왔습니다. 나머지 생을 주님을 위하여 드릴 것입니다.

제가 기도하고 있는 것이 앞으로 하고 싶은 일입니다. 이렇게 기도할 것입니다.

(1) 5만 명 목사님들과 함께 공부하게 하옵소서.

지금 현재 36,000명 목사님들이 공부하였습니다. 앞으로 14,000명의 목사님들과 더불어 성막 공부를 더 하고 싶습니다.

(2) 성막 책이 100개국에서 출판되게 하옵소서.

현재 26개국에서 번역, 출판되어 사용되고 있습니다. 선교사들이 공부하고 번역하여 출판하고 있습니다. 가장 놀라운 복음의 그림자가 성막이기 때문입니다.

(3) 감리교 감독회장으로 일하게 하옵소서.

지금까지 하나님이 하셨습니다. 출마하였다가 도중에 접었었습니다. 다시 출마해야 하는 분위기입니다.

모든 것을 하나님께 맡기려고 합니다. 하나님이 여시는데 닫으면 안 되고, 하나님이 닫으시는데 열면 안 됩니다. 하나님의 신호등을 영적인 눈으로 잘 바라볼 것입니다.

(4) 감독회장으로 400억 정도의 컨벤션센터를 짓게 하소서.

그 안에 성막을 만들어 놓고 성막 순례지가 되고 성막 강의실도 마련하고, 그 수익은 모두 원로목사, 비전 교회, 선교사, 홀사모에 사용하고 싶습니다.

(5) 성막 학교가 세워지게 하소서.

성경의 주변 학문 중에 중요한 학문이 한국은 지금 전혀 불모지입니다. 탈무드, 미쉬나, 게마라, 미드라쉬 학문이 전무합니다. 중요한 성경 해석학입니다.

유대인 학자들을 불러 직접 접하게 하는 학교를 만들고 싶습니다. 이미 저는 졸라와 연결이 되어 있습니다.

유대인들은 지금 어느 지파인지 모릅니다. 그러나 유대인들은 성전 복원에 전력을 기울이고 있습니다. 성전이 복원되려면 레위 지파가 복원되어야 합니다. 유대인들은 1860년부터 레위인 복원에 들어갔습니다. 그래서 지금까지 약 5만 명 정도의 레위인을 찾았습니다.

레위인의 가문으로 밝혀지면 야시바 학교에 입학합니다. 2살에 입학하여 아침부터 저녁까지 랍비가 레위기를 읽어주는 것을 듣게 됩니다. 그래서 레위 지파 아이들은 레위기 언어로 말을 배우게 됩니다. 번제, 소제, 화목제, 속건제, 이런 단어들로 언어가 시작됩니다. 우리나라 사람들은 거의 대부분 '엄마, 아빠, 빠빠, 맘마'라는 단어로 언어가 시작됩니다.

야시바 학교 법칙이 있습니다.

> "회당에 갈 때에는 뛰어가고 집에 갈 때에는 천천히 가라. 왜냐하면 반대로 하면 하나님이 오해하시기 때문이다."
> "음란 서적은 읽을지언정 신약성경은 읽지 마라."

이런 법칙들이 있습니다. 그런데 독일에서 있었던 일입니다. 유대인들이 독가스실로 들어갈 때 독일 기독교인 한 분이 처녀 한 명을 빼돌렸습니다. 그리고 미국으로 이민 보냈습니다.

그 처녀가 레위 남자와 결혼하였습니다. 아들을 낳았습니다. 졸라(Zola)라고 이름을 붙였습니다. 야시바 학교에 입학시켰습니다. 30살에 졸업하였습니다. 졸업 후 졸라는 이런 생각을 하였습니다.

'우리 엄마를 기독교인이 살렸다는데 기독교인들이 좋아하는 신약성경이란 도대체 어떤 책인가?'

그리고 졸업한 후였기에 신약성경을 읽기 시작하였습니다. 졸라는 소스라치게 놀랐습니다. 자기가 28년 동안 공부한 구약 모두 예수 그리스도를 가르치고 있음을 알았습니다. 졸라는 예수님을 발견하였습니다.

그는 그리스도인이 되었습니다. 기독교 TV 방송국을 만들었습니다. 그리고 열심히 예수님을 전하는 사람이 되었습니다. 저는 그에게 편지를 올렸습니다.

"우리 한국 목사님들에게 구약 속에 들어 있는 그리스도를 알려주는 유대인 입장에서 성경 공부를 해 줄 수 있겠습니까?"

여러 번 이런 편지를 올렸습니다. 그가 응답을 주었습니다. 그래서 저는 지금 현재 졸라 한국 유대인 분교장이 되었습니다. 94명 목사님이 공부하셨습니다.

정말 재미있게 공부하였습니다. 이 학교를 발전시키려고 합니다. 그래서 유대인 성경 공부를 직접 한국으로 접목시키고 싶습니다.

성경이기에 좋습니다.

(6) 파나이에 500교회가 세워지게 하옵소서.

이미 파나이에는 237개 교회가 세워졌습니다. 성막을 통하여, 우리 교회를 통하여 계속 교회가 세워지고 있습니다.

세우는 것보다 더 어려운 것이 관리입니다.

(7) 성막 이야기로 베스트셀러가 되게 하소서.

그동안 책을 많이 썼지만 잘 팔리는 책은 많아도 베스트셀러가 없었습니다. 화젯거리가 되는 책을 쓰고 싶습니다. 이 책이 시작이었으면 좋겠습니다. 많이 팔리면 들어오는 것이 돈입니다.

우리 갈보리교회는 아직도 빚이 많이 있습니다. 그러나 빚 같지 않게 느낄 때가 종종 있습니다. 138억 원에 구입했는데 지금은 500억 원이나 됩니다. 이자 갚은 것은 저축 중의 저축이라고 사람들이 말해 주었습니다.

지금 구입하려면 도저히 불가능합니다. 금도 내 것이요 은도 내

것이라고 하신 하나님이 이제는 빚을 갚고 목회하게 만들어 주시기를 기대하고 있습니다.

언제나 그랬었지만 이제는 하나님께 온전히 쓰임 받고 싶습니다. 이사야처럼 외치고 싶습니다.

"주여! 내가 여기 있사오니 나를 보내 주소서!"

집착!
그렇습니다.
집착하면 무엇인가 이루어집니다.

1. 집착하면 몰두하게 됩니다.

저는 지금 크루즈를 타고 로마로 가고 있습니다. 로마에서 성 베드로 성전을 볼 예정입니다. 그리고 레오나르도 다빈치 공항에서 서울로 돌아갈 예정입니다.

레오나르도 다빈치가 성 베드로 성전의 천장 벽화를 그렸습니다. 역사의 명물입니다. 그가 천장 벽화를 그릴 때 이런 집착 이야기가 생겼습니다.

사다리를 놓고 그 위에 올라가서 그림을 3년간 그렸습니다. 밑에서 두 명이 사다리를 붙들고 있었습니다. 그런데 미켈란젤로가 정신없이 그림을 그릴 때 사닥다리를 치워 보았습니다. 그는 천장에 매달려 그대로 그림을 그렸습니다.

집착하면 몰두하게 됩니다.

저는 성막에 집착하여 왔습니다. 앞으로도 정신없이 몰두할 것입니다.

2. 집착하면 아이디어가 생기게 되어 있습니다.

집착하면 무엇인가 이루고 싶어합니다. 그러다 보면 아이디어가 생기게 됩니다. 하나님은 하려고 하는 사람에게 할 수 있는 능력을 주시고 할 수 있는 아이디어를 주십니다.

모스크바 박물관에 가서 진하게 본 그림이 하나 있습니다.

초등학교 교실 벽 한 쪽만한 큰 그림입니다. 그 그림 가운데 아주 아름다운 여인이 젖가슴을 열어 놓고 있습니다. 늙은 남자가 그 뽀얀 유방을 빨고 있는 그림입니다. 첫인상은 음란입니다. 그러나 설명을 듣고 나니 숭고한 마음이 들었습니다.

그 남자는 정치범입니다. 쿠데타를 일으키다가 잡혔습니다. 다른 공범들과 함께 아사형 언도를 받았습니다. 감옥에 가두어 놓고 죽을 때까지 밥 한 숟가락, 물 한 모금 안 주는, 가장 큰 고통을 주는 형벌입니다.

얼마 지나자 모두 굶어 죽었습니다. 그런데 그림 속의 남자 하나만은 죽지 않았습니다. 그리고 배고픔을 그리 느끼지 않았습니다. 원인을 몰랐습니다. 면밀히 관찰하던 간수에 의하여 밝혀졌습니다.

젖가슴을 열고 있는 여자는 바로 딸이었습니다. 그는 아버지를 살리고 싶었습니다. 아버지를 살릴 수 있는 지혜를 짜내는 데 집착하였습니다.

집착은 아이디어입니다.

그녀에게는 젖먹이 자녀가 있었습니다. 그녀는 모유를 먹이지 않고 우유를 먹여 길렀습니다. 그리고 자기는 일부러 잘 먹으면서 젖이 풍성하게 나오게 하였습니다. 그러고는 아버지에게 면회를 갑니다. 그리고 아버지에게 그 젖을 빨아 먹게 하였습니다. 아버지는 딸의 젖을 빨아 먹으면서 살았습니다.

이 사실이 왕에게 보도되었습니다. 왕도 감탄하여 말했습니다.

"저렇게 아름다운 딸을 둔 아버지를 죽일 수 없다."

그래서 석방시켰습니다. 쿠데타 사범 중에 유일하게 살아남은 사람이 되었습니다.

집착은 아이디어입니다.

하나님은 하려고 하는 사람에게 할 수 있는 아이디어를 주십니다.

3. 집착하면 힘이 생깁니다.

무엇엔가 집착하면 그것을 하고 싶어 힘이 생기게 되어 있습니다. 시너지 효과를 이룰 수 있습니다.

우리 교회의 주용삼 장로님 이야기입니다.

우리 교회가 지금 시가 500억 원 정도의 건물을 마련할 때 많은 돈이 필요하였습니다. 그때 주 장로님이 6월 마지막 주일 아침에 제 손에 봉투를 하나 꼭 쥐어 주시면서 말했습니다.

"목사님! 이 돈은 정말 값지게 모은 것이니 값지게 사용해 주십시오."

봉투를 열어 보니 100만 원짜리 수표 두 장이 들어 있었습니다.

"목사님! 새벽 기도 올 때에는 이 길로 오고, 갈 때는 저 길로 가면서 길거리의 신문지, 박스 조각, 휴지를 모았다가 팔아 저금하고, 또 모이면 저금하여 6개월간 모은 돈입니다. 누가 들으면 장로가 조잡하다고 할 터이니 창피합니다. 절대로 말하지 마십시오."

장로님의 집과 교회의 거리는 걸어서 15분입니다. 저는 이 말씀을 하시자마자 말했습니다.

"절대로 말할 것입니다."

12월 말 장로님이 저에게 300만 원을 또 들려주었습니다. 저는 300만 원을 받으면서 말했습니다.

"100만 원이 늘었군요."

장로님이 대답하셨습니다.

"종이 줍는 기술이 늘었지요."

이 말을 들으며 저는 속으로 아니라고 말했습니다. 저도 새벽 기도에 올 때 장로님의 폐품이 생각나서 길거리에 있는 종이나 정보지들을 모아 장로님 폐품 위에 놓았습니다. 저만 그런 것이 아니라 많은 교인들이 새벽에 오면서 그렇게 하였습니다.

주 장로님과 같은 정성으로 거대한 교회를 이루게 되었습니다.

집착하면 힘이 생기게 됩니다. 하려고 하면 할 수 있는 능력을 하나님은 주십니다.

4. 집착하면 성취하게 됩니다.

그것에 집착하면 반드시 그것을 이루게 됩니다. 그것만 생각하고 그것만을 위하여 걸어가기 때문입니다.

코카콜라 회사는 "코카콜라 식민지"라는 전략을 가지고 있습니다. 모든 나라에 코카콜라 지사를 세우겠다는 전략입니다. 그렇게 집착하고 나니까 유엔 가입 수보다 코카콜라 지사가 있는 나라가 더 많습니다. 미국이 수교를 맺고 있는 나라보다 코카콜라 회사가 수교를 맺고 있는 나라가 더 많습니다.

그래서 이런 말이 생겼습니다.

"코카콜라가 길을 뚫으면 미국 대사가 그 뒤를 따라 들어온다."

코카콜라를 마시는 데에는 계절이 없습니다. 그런데 우리는 복음을 전하는 복음의 전사들입니다. "복음 전파 전략"보다 "코카콜라 전략"이 앞서는 것 같아 서글퍼질 때가 있습니다.

100년 역사가 조금 넘은 코카콜라와 2천 년의 역사를 가진 복음을 비교하면 복음은 부끄러움을 느껴야 합니다. 코카콜라는 매 초마다 4만 명이 입에 넣고 있습니다. 코카콜라 회사는 코카콜라를 선전하기 위하여 나치와 손을 잡기도 하였습니다. 코카콜라는 생명을 단축시키지만, 복음은 영생을 줍니다. 우리 모두 "예수 식민지" 전략을 세워야 합니다.

예수님에게 집착하고 복음에 집착해야 합니다.

집착하면 성취하게 됩니다.

모세 이야기로 "집착"을 마치려고 합니다.

미드라쉬 이야기입니다.

모세는 천사를 통하여 하나님이 자기를 데려가시려는 계획을 알았습니다. 모세는 원을 그려 놓고 그 원 밖으로 나가지 않고 515회를 기도하였습니다. 가나안에 들어가고 싶어 드린 집착의 기도였습니다.

하늘에 모세의 기도 소리가 상달되자 하늘에서는 비상에 걸렸습니다. 하나님 귀에 모세의 기도가 들리지 않도록 문을 잠그는 소동이 일어났습니다. 그러나 하나님은 모세가 그렇게 간절하게, 그리고 그렇게 끈기 있게 기도하는 것을 아셨습니다. 천사들에게 모세를 데리고 오라고 했더니, 천사들은 그렇게 기도하는 모세를 데리고 올 수 없다는 표정들이었습니다. 할 수 없이 하나님은 모세와 타협을 하셨습니다.

"네 장례에 내가 꼭 참석할 터이니 너는 내게 오기를 두려워 말아라."

모세는 하나님의 이 약속을 받고 기도를 포기하였습니다.

모세의 집착의 기도는 기어코 하나님으로 하여금 자기 장례를 치르게 하였습니다.

```
판 권
소 유
```

집착

2011년 4월 5일 인쇄
2011년 4월 11일 발행

지은이 | 강문호
발행인 | 이형규
발행처 | 쿰란출판사

주소 | 서울특별시 종로구 이화동 184-3
TEL | 02-745-1007, 745-1301~2, 747-1212, 743-1300
영업부 | 02-747-1004, FAX / 02-745-8490
본사평생전화번호 | 0502-756-1004
홈페이지 | http://www.qumran.co.kr
E-mail | qumran@hitel.net
　　　　　　qumran@paran.com
한글인터넷주소 | 쿰란, 쿰란출판사

등록 | 제1-670호(1988.2.27)

책임교열 | 김향숙 · 송은주

값 9,000원

ISBN 978-89-6562-092-1   03230

* 이 출판물은 저작권법에 의해 보호를 받는 저작물이므로 무단 복제할 수 없습니다.
  잘못된 책은 교환해 드립니다.